L'Hérédo Essai sur le drame intérieur

Léon Daudet

Paris, 1917

Édition : BoD · Books on Demand GmbH, In de
Tarpen 42, 22848 Norderstedt (Allemagne)
Impression : Libri Plureos GmbH, Friedensallee
273, 22763 Hamburg (Allemagne)
ISBN : 978-2-3225-4362-5
Dépôt légal : Octobre 2024

LÉON DAUDET

L'HÉRÉDO

ESSAI SUR LE DRAME INTÉRIEUR

NOUVELLE LIBRAIRIE NATIONALE

11, RUE DE MÉDICIS, PARIS

MCMXVII

À

PAUL BOURGET

qui aime le vrai

L. D.

TABLE DES MATIÈRES

L'HÉRÉDO

AVANT-PROPOS

Ce livre, et celui qui suivra sans doute, se proposent un double but : d'abord, montrer comment, contrairement à un préjugé courant, la personnalité humaine tend à se réaliser pleinement au cours de la vie et à échapper à la servitude héréditaire. Ensuite, aider à cette réalisation et à cette délivrance. Ainsi se trouvera établi le fondement psychologique et physiologique de la responsabilité morale. Ainsi seront, je l'espère du moins, dissipées les tenaces erreurs que le fatalisme scientifique et le déterminisme son compère avaient, depuis une soixantaine d'années surtout, accréditées contre la liberté intérieure. Nos ascendants pèsent sur nous, mais nous pouvons secouer leurs chaînes. Chaque homme porte en lui la possibilité d'un chef-

d'œuvre, ou plus exactement du chef-d'œuvre ici-bas : l'épanouissement de sa conscience propre, hors des entraves congénitales. L'outil de ce splendide résultat, c'est la volonté dans l'effort.

Dès le début de ma carrière littéraire, ce grand problème m'avait attiré. On en trouvera la preuve dans Hœrès, mon second volume paru en 1893. Depuis lors, un quart de siècle s'est écoulé. La Lutte, qui date de 1907, porte la trace de la même préoccupation. J'ai vécu, j'ai agi, j'ai réfléchi. J'apporte aujourd'hui à mes lecteurs le fruit de mon expérience et de ma réflexion.

CHAPITRE PREMIER

LE *MOI* ET LE *SOI*. ANALYSE ET SYNTHÈSE

Le *moi*, c'est l'ensemble, physique et moral, de l'individu humain, qui comprend les apports héréditaires. Le *soi*, c'est l'essence de la personnalité humaine, dégagée de ces apports par leur élimination, leur équilibre ou leur fusion, et constituant un être original et neuf, perçu comme tel par la conscience. Le moi est un vêtement composite. Le soi est une étoffe d'une seule pièce, sinon d'une seule trame. Mais il faut serrer le problème d'un peu plus près que les psychologues ne l'ont fait jusqu'à présent.

Quand nous nous considérons, quand nous faisons, comme l'on dit, un retour sur nous-même, ce qui nous apparaît tout d'abord de notre personne est, en général, *un ensemble de souvenirs et de présences, un état d'esprit, un aperçu de caractère et de tempérament et des aspirations vagues* de divers ordres. Vision rapide, la plupart du temps indistincte, et sur laquelle nous ne nous appesantissons pas, dans les circonstances ordinaires de la vie. Le précepte antique : « Connais-toi toi-même » est fort exceptionnellement mis en pratique. Des hommes, même très remarquables, ayant occupé ou occupant des situations éminentes, avouent qu'ils ont eu rarement le temps de s'observer. Cela signifie qu'ils en ont eu la paresse. Car l'introspection, qui n'a rien de commun avec la contemplation béate ou vaniteuse du moi, exige un effort. Cet effort est, par les meilleurs, reporté au lendemain. Nous parvenons ainsi en aveugles au terme de la vie, ayant négligé le spectacle le plus copieux, le plus instructif, et dans lequel il nous est permis d'intervenir, qui est le spectacle de notre propre individu. Qui donc, homme ou femme, a passé devant sa conscience le dixième du temps qu'il passe devant son miroir, pour épier son changement physique ?

Les souvenirs, ainsi surpris par la lucarne de l'introspection, ont quelquefois trait à l'actualité, ou sont en rapport d'association avec elle. Plus souvent ils en sont indépendants, comparables à ces étoiles filantes qui traversent, par les belles nuits, l'étincelant régime des astres fixes. D'où viennent-ils, où vont-ils ? Les lois de leur gravitation n'ont jamais été entrevues. Ils fournissent au poète ses images, ils suggèrent au savant ses découvertes, ils contribuent au dosage de la mélancolie, fille de la réflexion, en mêlant leur joie à la peine, ou, au contraire, leur peine à la joie. J'ai connu un pauvre anesthésique total, qui n'éprouvait plus la joie ni la peine. Il me disait que ses souvenirs étaient dénués de sève, comme des feuilles mortes : « Ils font dans mon esprit un bruissement sec. » Parfois aussi, dans le songe éveillé, deux, trois souvenirs se mêlent, ainsi que dans les rêves, puis s'évanouissent simultanément. Cette complexité prête à l'instant moral une saveur bizarre, que peu d'auteurs, à ma connaissance, ont notée, et comparable à une superposition, dans un breuvage rapidement absorbé, de couches sucrées et de couches amères. Toute fièvre, surtout l'amoureuse, et le risque ou le voisinage de la mort rendent cette superposition plus sensible. Outre les souvenirs complets, il y a la poussière de souvenirs, paysages, paroles, atmosphères même, qui courent, s'enchevêtrent, s'interfèrent et nous donnent l'illusion d'une foule intérieure, d'un piétinement d'ombres dans la lumière. Quatre mortels, à ma connaissance, sont parvenus à fixer ces éphémères : Virgile, Dante, Shakespeare et notre Racine.

J'ajouterai, à ce sujet, que la magie du vers, — nombre et rime — favorise ce don rarissime. Le rythme est une clarification du moi. Il met un ordre dans sa confusion. Il change sa cohue en une troupe en marche au pas cadencé. La rime éveille, par le son et l'écho, les génies engourdis dans la grotte de la conscience, prisonniers de l'oubli ou de l'indifférence. La cadence du vers est pareille à celle de l'eau courante, qui réveille les endormis partiels et les somnambules.

J'appelle *présences* les objets ou les personnes que notre moi perçoit. Ils composent la réalité et ils nous servent de points d'appui, dans l'attention que nous reportons d'eux sur nous.

L'état d'esprit fait aussi partie du moi. Il y a de nombreux états d'esprit. On peut les classer en positifs, ou augmentant le taux de la vie, et en négatifs, ou le diminuant.

La prédominance des premiers, fait les optimistes et les énergiques. Celle des seconds, les déprimés, les hésitants et les pessimistes. Ici commencent à se manifester les tournures héréditaires, avec une richesse de formes et de variantes qui permet, comme nous le verrons, le choix. L'homme est né sous le signe du positif, qui est celui de l'effort et du résultat. Le signe du négatif témoigne toujours d'une altération, sinon d'une maladie. Il convient de le fuir ou de le corriger, non de s'abandonner à lui par une sorte de délectation morose. Au point de vue de notre hygiène mentale, Pangloss vaut mieux que Schopenhauer.

J'ai connu un très grand médecin, d'une vision pénétrante et d'un remarquable jugement. Ses maîtres l'admiraient et le chérissaient. Un splendide avenir s'ouvrait devant lui. Quelques mois avant son mariage avec une charmante jeune fille qu'il adorait, il fut envahi soudainement, lui, beau et robuste entre tous, par les bacilles de la tuberculose. Il lutta contre eux désespérément, les refoula, se maria, et pendant une douzaine d'années, arracha des malades à la déchéance et à la mort avec une persévérance et une ténacité héroïques. C'était le mythe d'Hercule appliqué à la thérapeutique moderne. On ne compte plus ceux et celles qui lui durent la délivrance et le salut. Car il avait le don souverain du guérisseur. Mais le souci qu'il prenait des autres le détournait de sa propre sauvegarde, si bien que les bacilles recommencèrent leurs incursions, et cette fois triomphèrent de lui. Il n'en avait pas moins mené ce combat victorieux, au dedans comme au dehors de lui-même, durant ce grand laps. Telle est la force du positif, de la faculté de redressement. Mon ami avait dit au mal : « À nous deux ! », et il chassait fièrement tout ce qui amoindrit, et il recherchait tout ce qui exalte, usant de l'altruisme à outrance, ainsi que d'un remède irrésistible. Il me racontait que, même en s'endormant, il s'entraînait encore à vouloir guérir les autres et se guérir. Il ajoutait : « Je hais la maladie, de la même façon que le théologien hait le péché. »

Il n'est rien de plus nuisible que de s'abandonner. Ces abandons de soi, si fréquents chez les individus faibles ou oscillants, sont autant de petits suicides. Ils effritent la personnalité, ils la rendent incapable de résistance. Le plaisir indolent qu'ils nous procurent nous sèvre des saines joies du combat intérieur en vue du mieux, qui est l'accomplissement, l'achèvement de nous-mêmes. Joies si profondes que celui qui les a une fois goûtées les met au-dessus de tout et ne peut plus en détacher son désir.

L'*aperçu de caractère et de tempérament*, qui apparaît à l'introspection, est formé de nos penchants dominants. Celui-ci, qui se croyait généreux, découvre en lui un fond d'avarice. Celui-là, qui se croyait humble, distingue tout à coup sa vanité et son orgueil. Un sceptique est saisi par un accès de rancune ou de reconnaissance, dans le moment où il s'y attendait le moins. Les plus sages, les plus pondérés, sont traversés, soudainement, par d'étranges lubies, auxquelles d'ailleurs ils ne donnent aucune suite, mais dont le sillage les troublera et dont ils redouteront le retour. Cette fois, il n'y a pas d'erreur, ces fantômes sont en nous des reviviscences, des réapparitions de tel ou tel ascendant aimé ou oublié, connu ou inconnu — qu'on accepte mon néologisme — des hérédismes. Un pochard mal guéri, revenant à sa bouteille, murmurait : « Voilà mon oncle qui me joue encore un tour. » J'ai connu une jeune femme d'un milieu très distingué, fille d'une mère chaste, qui devait lutter périodiquement contre les suggestions d'une défunte grand'mère de mœurs légères. Personne, absolument personne n'est à l'abri de telles tentations. Mais chacun doit savoir qu'il peut et qu'il doit résister. Cela est infiniment plus facile qu'on ne le croyait, il y a trente ans, au moment de l'apparition de la psychologie physiologique et pathologique.

J'ai raconté ailleurs comment j'avais vu de près, dans ma jeunesse, ces milieux où fleurissait la confusion de la psychologie, de la physiologie et de la médecine. Chaque semaine se réunissaient chez Charcot, grand maître du matérialisme scientifique, Taine, Renan, Bail, Féré, Damaschino, et d'autres. C'était le beau temps de la fameuse doctrine des localisations cérébrales, de la pensée captive de l'anatomie, des « territoires » inlellectuels, sensibles et moteurs. Étrange époque de l'erreur par rapetissement, dont la racine n'était autre que la passion anticatholique. Déjà je m'en rendais parfaitement compte et l'aveuglement de ces hommes illustres m'étonnait. *Tantum irreligio potuit suadere malorum.* Ces lettrés, ces artistes, ces savants, ces aliénistes avaient fini par rapetisser les problèmes à la taille de leur hargne antireligieuse et l'on considère aujourd'hui avec pitié la pauvreté de leurs conceptions. Par le plus comique des contrastes, c'était le temps où Guyau publiait sa « morale sans obligation ni sanctions » alors que toute la morale scientifique, rabougrie, privée d'air et de perspective, comme toute la thérapeutique médicale, consistait à accepter, à ne pas réagir, à subir. Tout tenait dans cette formule inepte : la pensée, sécrétion du cerveau. Or il n'est nullement démontré que la pensée soit liée au cerveau, que le cerveau soit autre chose qu'un condensateur ou un des condensateurs de la pensée, que la pensée ne remonte pas dans la moelle, qu'elle ne circule pas dans les ganglions et le système du grand sympathique, qu'elle ne soit pas somatiquement diffuse, reliée à d'autres organes, à la peau, bref, souveraine conditionnée et non esclave et prisonnière de tel ou tel groupe de tissus. Il est démontré, en tout cas, qu'il n'y a pas de localisations cérébrales, dans le sens où le professaient Broca et Charcot, et que tous les travaux de la psycho-anatomie en ce sens sont de pures constructions de l'esprit matérialiste, entre 1875 et 1900.

Charcot se donnait comme bouddhiste et, en effet, son influence fit longtemps prédominer la statique de l'individu, savant ou client, sur la dynamique de ses facultés et notamment de sa volonté. Ici encore le maître et ses disciples allaient répétant : « La volonté gît dans tel lobe du cerveau, le mouvement volontaire dans tel groupe de cellules de la moelle », ce qui est un peu comme si l'on disait que l'électricité terrestre gît dans les bureaux de poste et les poteaux télégraphiques. La constitution vicieuse de notre enseignement scientifique en France, notamment de notre enseignement médical, constitution centralisée, à la fois jacobine et impériale, réglée par le système des concours théoriques à échelons, a donné de la durée, sinon de la consistance à ces erreurs. Elles ont empêché le génie français de s'épanouir, surtout en psychologie, en morale et en thérapeutique. Nos jeunes gens sont encore actuellement encombrés par la bibliothèque de cette période funeste et maussade, bonne elle aussi à mettre au cabinet, comme le sonnet célèbre. Il n'y a plus une phrase, plus un mot à retenir de ces vieilleries pernicieuses.

La réduction des penchants défectueux, susceptibles de dégénérer en véritables vices — notamment au moment de la formation sexuelle — est au contraire quelque chose d'aisé et, je le répète, d'agréable, tant que la volonté est susceptible de fonctionner. Seule la diminution ou la paralysie de celle-ci rend le combat plus ardu, sans qu'il devienne pour cela impossible. Je dirai comment.

Autant que nos penchants, nos aspirations vagues sont, pour une grande part, soumises aux influences héréditaires. Elles constituent la marge du moi, la carte, en apparence muette de notre future activité. Je dis en apparence, car, si l'on y regarde de près, bien des contours sont déjà dessinés, bien des linéaments de fleuves, de forêts et d'États transparaissent sous la blancheur trompeuse de la page. C'est dans ces aspirations vagues que la philosophie idéaliste, au début du xixe siècle et même avant, situait la liberté intérieure. Cette erreur de position rendit la critique facile aux matérialistes de la médecine, une quarantaine d'années plus tard. L'aspiration n'est pas forcément libre. Elle peut commencer à river une chaîne. L'amour sensuel, il ne faut pas l'oublier, débute souvent par une aspiration idéaliste et tourne ensuite au plus dur esclavage, dont la rupture est la plus pénible. C est pourquoi il y a lieu de surveiller ses aspirations et de ne point les laisser devenir dominatrices.

Telles sont les composantes du moi. La synthèse s'en opère constamment et soudainement, à la façon d'étincelles qui viendraient exploser devant la conscience, en formant des lignes et des figures. Même alors qu'un acte ou un projet accaparent notre attention, cette déflagration d'infiniment petits, dont un grand nombre sont des réapparitions héréditaires, se produit. Il en est de ces reviviscences comme des battements de notre cœur, que nous ne percevons guère en temps ordinaire, mais qu'une émotion nous rend manifestes et parfois jusqu'à la douleur.

Le soi est plus difficile à découvrir et à analyser que le moi. Il est aussi plus actif et si l'on peut dire plus virulent, à mesure que la personnalité se dessine et se fixe. Il est le véritable protagoniste de l'être humain. J'y distingue au moins trois éléments : *l'impulsion ou initiative créatrice, dans l'intellectuel ou le sensible* ; puis ce que j'appellerai, faute de mieux, le tonus du vouloir ; enfin un *état d'équilibre,* qui tend à l'harmonie intérieure ou sagesse.

L'impulsion ou *initiative créatrice* dérive du soi, elle en est pour ainsi dire l'émanation, dans son essence et dans son début. Mais, en même temps, elle libère l'individu de tous ses fantômes héréditaires, qu'elle transmet, sous deux formes, à la postérité. Elle est à la fois la plus haute expression du soi et le plus grand moment de la dissociation et de l'éparpillement du moi. Le héros qui s'immole à son pays, en pleine conscience, le romancier ou le dramaturge qui donnent la vie à un chef-d'œuvre, le savant qui dénude une loi de la nature, l'amoureux qui serre l'amoureuse dans ses bras, l'enfant qui forge un mot ou un cri pour sa sensation, le philosophe qui rencontre un filon nouveau, tous manifestent ainsi leur soi par le sacrifice et le morcellement de leur moi. C'est en se donnant qu'ils se conquièrent. Il ne faut pas croire que la supériorité d'esprit soit indispensable à cette conquête. Elle en est totalement indépendante. Le simple vagabond du chemin, le paysan ou le marin privés de connaissances livresques, le petit homme raisonnant de sept ans, sont logés, de ce point de vue, sur le même palier que l'artiste, l'écrivain, le penseur de génie. C'est une richesse dévolue à tous ceux qui la méritent par leur effort.

Cet effort est le *tonus du vouloir*. Il est comme la tension permanente du soi, qui précède et permet l'acte de volonté. On le sent, quand, fermant les yeux, on se représente fortement, par l'imagination, un but à atteindre, un problème à résoudre, une dépense d'énergie à fournir. Le tonus du vouloir mesure cette énergie. Par lui, notre défense morale personnelle est, comme l'on dit, au cran de sûreté. Certains possèdent cette faculté à un degré éminent dans le domaine physique et font les combattants d'élite. D'autres la possèdent dans le domaine intellectuel et font les chefs et conducteurs d'hommes, car leur supériorité, promptement discernée et reconnue, groupe autour d'eux la légion des êtres qui ont besoin d'un point d'appui. Mais s'il est donné à peu d'humains de posséder le tonus volontaire d'un Jules César ou d'un Richelieu, tous peuvent entretenir et développer en eux, par l'exercice, cette composante indispensable du soi. S'il est exact de dire que, quand nous cédons à nos penchants de tempérament, de caractère, et à nos aspirations vagues, nous sommes mus par nos ancêtres, il est non moins exact d'ajouter que, dans la tension de notre volonté réfléchie, en vue d'une action définie, nous ne sommes plus mus que par nous-même. Quel sera, demandez-vous, le critérium entre ces deux principes d'action si distincts. Il n'en est qu'un, mais puissamment étayé : l'équilibre par la raison.

L'équilibre par la raison, sans lequel toute sagesse dans la conduite de la vie et toute philosophie cohésive sont impossibles et même inconcevables, a été le principe le plus méconnu de la psychologie au xixe et au xviiie siècle, vraisemblablement à la suite de Rousseau, lequel avait de bons motifs pour l'ignorer. Cet équilibre intellectuel et moral est cependant le propre de l'être humain, au moins autant que le langage. Par sa vertu seule, il est, se développe et s'accroît, ou, dans la déchéance de l'être, diminue et se rabougrit, sans néanmoins cesser d'être perçu par celui qui sombre. Comme l'aimant de la boussole cherche le nord, la raison humaine cherche l'équilibre, condition du bonheur intérieur. Elle ne l'atteint pas toujours, elle l'atteint même rarement. Mais sa recherche même part du soi et retourne au soi. Là nos aïeux ne sont plus pour rien, soit qu'ils se retirent, fantômes intimidés et débiles, devant cet essentiel vital, soit qu'ils s'interfèrent et s'annihilent dans ce chef-d'œuvre de compensation. L'influence du père avare est contre-balancée par celle de la mère prodigue, celle de l'oncle débauché par celle de l'aïeule chaste, et au milieu de cet équilibre de forces contraires, auquel le temps donne de la solidité, pousse, prospère et domine bientôt cette incomparable fleur de l'esprit, cime de notre espèce et reflet du divin, qui s'appelle la raison. Du jour qu'elle sera constituée, rien n'échappera plus à son empire. Un sentiment très juste de liberté intérieure, de plus en plus vif, accompagne ses progrès. Elle aussi, de même que l'initiative créatrice, est indépendante de la situation sociale, comme de l'âge, comme de la culture. Elle aussi s'enrichit par le rayonnement et gagne à mesure qu'elle se dépense.

Contrairement à ce qu'ont cru et affirmé des pédagogues ignorants ou sots, l'équilibre par la raison, cette pierre de touche du soi, appartient souvent à l'enfance ou à la prime jeunesse. La sagesse est plus fréquente à six et sept ans qu'à douze, à quatorze et à vingt ans, attendu qu'elle n'est point obscurcie par le développement du mauvais hôte, de l'instinct génésique. Nous examinerons ce point plus à fond quand il sera question, dans cette étude, de cette longue erreur qui s'appelle encore la philosophie de l'inconscient. Par contre, des esprits se croyant très supérieurs et même altiers, habiles seulement à diviniser leurs instincts et leurs penchants héréditaires, arrivent à n'avoir plus qu'un tronçon de raison, qu'un minimum d'équilibre moral. J'en ai connu, et de très haut placés. C'est un drame fertile en péripéties pathétiques, que cet enorgueillissement d'infirmes de la sagesse, bien doués intellectuellement, qui se heurtent et se déchirent sans cesse aux ronces et buissons d'épines de leurs propres erreurs. Ceux-là, en vérité, se donnent beaucoup de mal pour nier leur soi et demeurer, jusqu'au bout, des esclaves hérédos, souvent chargés de connaissances et d'honneurs. La médecine, la science, l'art, l'histoire, la littérature, la politique ont récemment, comme depuis cent cinquante ans, foisonné en de tels vagabonds. Car mérite-t-il un autre nom celui qui, traversant cette existence si brève, ne s'est pas appliqué à se connaître et à se réaliser ? Combien en ai-je fréquenté, de ces faux maîtres, qui m'apparaissent aujourd'hui comme de vieux pauvres, sans pain, sans logis, ayant gaspillé les dons de Dieu !

La synthèse des éléments du soi, échappant à l'emprise ancestrale comme à ces illusions héréditaires de multiconscience, qu'on a pris naguère pour des dédoublements de la personnalité, cette synthèse s'opère dans *l'acte de foi*, que celui ci s'applique à nous-même, à la famille, à la patrie ou au Souverain Maître. Bien loin que le soi mène à l'anarchie, il est essentiellement constructeur, agglomérateur et groupant. Il est compagnon. Il est *socius*. La société est une mise en commun des soi, alors que les moi sont des Robinson, des solitaires, hantés par leurs ancêtres, et le plus souvent des révoltés. Leurs tiraillements intérieurs en sont la cause. Le moi, s'il n'est utilisé par le soi et projeté au dehors sous forme d'œuvre littéraire ou scientifique, oscille entre la stagnation morne et les déchirements de toute forme. La préoccupation exclusive du moi exalte nos défauts et diminue nos qualités. L'usage et le perfectionnement du soi nous confèrent la maîtrise de la vie et le détachement raisonnable de nous-mêmes. L'usage et le perfectionnement du soi nous permettent d'aller là où nous voulons, sans nous laisser emporter ni distraire.

Les mots de « drame intérieur », placés en tête de cette étude, éveillent dans chacun la mémoire d'heures douces, mélancoliques ou douloureuses, qui sonnent au cadran de la conscience, comme en dehors des circonstances. Ces heures, à demi voilées, enregistrent tantôt les débats des formations héréditaires, des fantômes contradictoires du moi, tantôt les efforts du soi pour dominer une telle confusion, tantôt la victoire de l'un ou de l'autre. La plupart d'entre nous se laissent aller à cette fluctuation, en quelque sorte sans intervenir. La puissance des passions de l'amour tient à ce qu'elles commencent par une incitation du soi, rapidement suivie d'une exaltation parallèle de toutes les composantes du moi. Ainsi s'éloigne l'état d'équilibre. Ainsi s'abandonne la raison. Ainsi le cheval fou, qui est le moi, entraîne bientôt dans l'attelage platonicien le cheval sensé qui est le soi. Ainsi nous courons à l'abîme, fort souvent en lâchant les rênes et en nous vantant de les lâcher. J'écris ce livre pour persuader à toutes les victimes de la prédominance du moi et des images ou impulsions héréditaires que le combat est possible et joyeux et que, bien mené, il doit se terminer par la victoire, par le triomphe de la raison, par l'acte de foi dans l'équilibre.

Je prie qu'on ne voie dans cet exposé nulle impiété vis-à-vis des morts, nos aïeux, dont le souvenir est vénérable et dont les bons exemples sont précieux. Précisément parce que nous les continuons, il importe d'enrichir et de perfectionner la lignée, chacun dans la mesure de nos forces, et de n'être point dominés par eux. Que la substance s'ajoute à la substance, que les vertus de la race se renforcent, que soient éliminés les penchants funestes, que la neuve volonté s'exerce librement et souplement ! Que soient éliminés, s'ils viennent nous tenter, jusqu'aux travers et jusqu'aux tics. De même que l'Église nous apprend à nous racheter du péché originel et de tous nos péchés par la fréquentation de ses sacrements, de même la sagesse nous enseigne et nous conseille de rejeter les empreintes menaçantes et ce bagage congénital, qui nous incline au fatalisme ou au déterminisme absolu.

J'ai connu des victimes du moi, spectateurs passifs d'un drame intérieur auquel ils ne comprenaient rien du tout.

Celui-ci — appelons-le *Errant,* — obsédé par l'idée de la mort et de la désagrégation individuelle, d'une sensibilité suraiguë, voyageait beaucoup et notait. Il promenait et exprimait un moi formé d'une multitude de personnages olfactifs, auditifs, tactiles, visuels, mal reliés par un enfant plaintif et craintif. Sa susceptibilité morale n'était pas moins vive, papillotante et morcelée. Elle fatiguait ses meilleurs amis. Génie incomplet et languissant, dépourvu de la maîtrise du soi, se croyant incapable de la conquérir, il espérait se délivrer de cette obsession du moi par des volumes et des volumes, souvent très beaux, toujours curieux, et il n'y parvenait pas. Le besoin de déplacement traduisait chez lui le besoin de se fuir, l'espérance qu'à un tournant de route ou de cap il dépouillerait sa nostalgie. Vain espoir ! Il ne se libérera jamais de ses fantômes, de leurs chuchotements et de leurs querelles, celui qui n'a pas compris la nécessité de la hiérarchie intérieure, de la subordination de ses facultés à une œuvre lui appartenant en propre et qui ait le son d'un acte de foi. À ce point de vue, les écrivains sont particulièrement intéressants pour l'observateur, puisqu'ils se confessent continuellement, et même sans le savoir, dans leurs livres. Ceux d'*Errant,* sortes de poèmes en prose, d'un chatoiement douloureux et délicieux, mettent à nu autant de frissons héréditaires qu'il apparaît de rois à Macbeth. Le public charmé, surtout celui des femmes, s'écrie : « Comme c'est original, comme c'est personnel ! » Sans doute, quant à la magie de la forme, mais pas un moment *Errant* n'est soi. Son talent descriptif est précisément issu de cette angoisse de ne pouvoir se conquérir.

Cet autre — appelons-le *Violent* — subordonne tout à une sensibilité dans la sympathie ou l'antipathie, qui tourne et vire avec la rapidité d'un moulin. Son emportement, commandé par la chaîne héréditaire et ses cliquetis, va de tous les côtés sans boussole, comme les soubresauts d'un cheval emballé. Il possède d'ailleurs une ardeur ironique et un régime de mots puissants et verveux, qui l'apparentent aux grands satiriques. Cependant il ne tient pas ceux qu'il entraîne et ceux-là se détournent de lui. C'est que chez lui encore le moi prédomine, — telle une hydre au millier de têtes grimaçantes, — sur le soi raisonnable et sûr, sur le soi constructeur et hiérarchisant. Avec six mois d'application selon une méthode appropriée, *Violent* eût aisément dompté ses impulsions congénitales. signe de faiblesse bien plus que de force, et connu les joies de l'ordre et du renouveau intérieurs. Malheureusement il est de ceux qui croient qu'il est plus beau de ne pas se soumettre à une discipline. Ô illusion ! Celui qui n'accepte pas la discipline du vrai, se jette, par contradiction, dans celle du faux, bien plus dure et finalement décevante. Il est le Gribouille de sa destinée.

Car la conscience du soi nous enseigne qu'il y a un vrai et un faux, comme il y a un bien et un mal. Au lieu que la demi-conscience, le crépuscule du moi nous laisse croire — ce qui convient bientôt à la paresse de l'esprit — qu'il n'y a souvent ni vrai ni faux, ni bien ni mal, et que tout cela dépend des latitudes. Qu'est-ce que le scepticisme ? C'est la parole laissée successivement à tous nos ancêtres, c'est leur foule déifiée en nous, c'est le dialogue substitué à l'affirmation, puis dégénérant en discussion, en bavardage et finalement en clameur confuse. C'est pourquoi le scepticisme systématique est une manière d'aberration, dans le sens étymologique du mot. C'est pourquoi, même sublimement traduit, il aboutit chez son témoin. son auditeur ou son lecteur, à la courbature et à la fatigue. J'ai toujours envie de demander au sceptique : « Mais combien as-tu donc de personnages en toi, et quand donc enfin seras-tu toi-même ? »

Voyez Montaigne, voyez Renan.

J'ai fait des *Essais* mes délices. Mon père m'avait appris à les lire dès ma jeunesse. Je les connais presque par cœur. Il n'est pas un tournant sournois ou candide, ombreux, ensoleillé, empierré comme un chemin de Gascogne, qui ne m'en soit familier. Sous la transparence du verbe, comme au fil sinueux d'une froide rivière, je compte les herbages et les poissons vifs. J'arrive à entrer en « Michel », à penser, à sentir comme lui et aussitôt m'apparaît le fourmillement de sa parenté, antérieure à lui et qui le disloque, le courbe, le redresse, le modifie, le déforme, comme un bonhomme de caoutchouc. Il a fini par croire, — comble d'erreur ! — que la sagesse ici-bas consiste à ne pas s'appartenir et à flotter, tel un bouchon, au gré de tous les courants imaginables, en reflétant l'heure dans l'humeur. Cette berceuse vous enchante, en un si subtil, et toutefois si ferme langage. Mais gare à vous ! Sous son influence musicale, et logique dans la folie ondoyante, il y a un poison qui corrode le vouloir et ce besoin du positif sans lequel l'homme devient un esclave. Il faut être Pascal, ce roi du soi, pour réagir en compagnie de M. de Sacy. Quand le perpétuel balancement de Montaigne vous donnera mal au cœur, alors, mais alors seulement, vous serez au point. Cette philosophie du pour et du contre, oiseuse comme tout débat sans conclusion, est à l'opposé de la sagesse. Possible qu'elle rabatte l'orgueil de ceux qui ne savaient point par avance combien l'homme est faible et petit. Mais inutile d'ajouter à cette faiblesse en lui retirant, avec la faculté de conclure, le désir de vouloir. Combien je plains ceux qui passent leur existence à marmonner leur *In*credo religieux, philosophique ou politique !

Le scepticisme de Renan, autre très grand et très pur écrivain, n'est pas moins exemplaire que celui de Montaigne. On peut presque le prendre comme type du débat héréditaire. Apercevez-vous, sur deux rangs, derrière lui, les incrédules et les croyants de sa bretonnerie, qui le tirent à hue et à dia par les fils d'or d'une ratiocination contradictoire ? Il s'amuse bien quand il hésite. Mais, dès qu'il affirme, quelles délices ! Jusqu'à ce qu'une affirmation de sens opposé l'ait rassuré sur sa faculté de balancement, de tiraillement toujours intacte. Car Renan, ainsi qu'il apparaît dans ses intéressants dialogues philosophiques, fut un tréteau pour la parade du moi. Comme il assistait aux répétitions d'un petit à-propos assez niquedouille, d'un *1802*, donné à la Comédie-Française en l'honneur de Hugo, je l'entendis déclarer qu'il ne s'était jamais autant diverti. Je crois bien ! Il pouvait animer enfin la conversation de ses personnages intérieurs, voir en chair et en os leurs débats. Avec quel bonheur il serrait contre ses énormes joues, dans la personne de ses comédiens, monsieur Pour, madame Contre, mademoiselle Peut-Être-Bien !

On n'imagine pas l'influence de Renan sur la génération qui suivit, celle de Jules Lemaître et d'Anatole France. Il en résulta une divinisation du moi — dont le dernier écho retentit dans les premiers ouvrages de Barrès — et de ses décevantes arabesques de reviviscence intérieure. Cette divinisation coïncidait avec une stagnation philosophique et médicale, dont l'École de la Salpêtrière est le point culminant. Quand le moi prend le pas sur le soi, l'homme spectateur prend le pas sur l'homme agissant, la statique sur la dynamique, la contemplation sur l'effort et l'aspiration vague sur l'affirmation, il y eut là une vingtaine d'années, de 1885 à 1905, pendant lesquelles l'exercice mental à la mode consista à danser d'un pied sur l'autre, en s'ébahissant de tels entrechats. J'appelle cela du temps gâché. Jules Lemaître revint au soi par le chemin du patriotisme politique. Il en fut de même de Barrès.

Gardons-nous des marottes comme de la peste ! Tout ne s'explique point par les définitions et la classification nouvelle que je propose. Mais beaucoup de choses, par elles, s'éclairent, qui demeuraient troubles et confuses. Prenons par exemple le drame de Hamlet sur lequel furent échafaudée tant d'hypothèses. Hamlet, c'est tout bonnement la tragédie du moi à la recherche du soi, l'histoire d'un être tourmenté par ses ascendants intérieurs — on sait comment Shakespeare les a extériorisés en apparitions spectrales — et dont la raison finit par sombrer. Je vous montrerai comment cette histoire est une autobiographie douloureuse et comment l'œuvre entière de Shakespeare n'est qu'une projection des composants du moi. Hamlet est le type de l'hérédo. Quand il s'écrie, le cœur déchiré : « Mourir, dormir, rêver peut-être », il désespère de saisir son soi. De même, quand il brutalise Ophélie. Puis, la minute d'après, ses fantômes psychiques l'entraînent à nouveau dans la ronde tournoyante et décevante.

Quels sont les moments de la vie où nous nous rapprochons le plus du soi, quels sont ceux où, au contraire, le moi prédomine ? Je ne puis donner ici que le résultat de patientes observations Je pense que la septième année est très propice à la formation du soi et aux bienfaits que cette formation confère. La septième année, alors que le trouble sexuel n'existe pas encore et que le langage est complètement formé, jusqu'au degré compris que nous appelons style individuel, la septième année confine à la raison. Elle l'atteint. L'enfant voit juste, apprécie sainement, connaît la valeur et l'importance de l'effort, est ouvert à la foi. Puis vient la confusion de la puberté, de ses images troubles et de l'effervescence du moi. À vingt ans, de nouveau, mais éphémèrement, l'homme se rapproche du soi et se cherche, sans se découvrir. Puis de nouveau le harcèlent ses ancêtres, turbulents et impérieux s'il s'abandonne, s'il trouve plus beau de se fourvoyer dans tous les chemins, toutes les expériences où ils l'entraînent. Il y a, bien entendu, des exceptions, des sages de vingt ans, mais plus rares que les sages de sept ans. En général, l'effort vers la sagesse ne va pas plus loin alors que l'appétence métaphysique, que « l'encéphalite » de Renan. De trente-cinq à quarante ans, l'être est orienté et complet. Il peut faire son choix, être un hérédo ou un homme, une conséquence ballottée ou un principe, résister et vaincre, ou céder au sommeil de la volonté, devenir la proie des fantômes au dedans et des circonstances au dehors. Il peut aussi, à cette époque, réagir en se délivrant par l'initiative créatrice. Il est grand temps, car, sans cela, il ne s'appartiendra plus jusqu'à la mort et il aura traversé ce monde, ainsi qu'un pantin mû par les ficelles héréditaires. C'est afin de lui éviter ce naufrage que j'écris le présent essai.

CHAPITRE II

LE RÉVEIL, DANS LE MOI, DES EMPREINTES HÉRÉDITAIRES

Le réveil et le combat des empreintes héréditaires ou hérédismes dans le moi constituent le premier acte du drame intérieur. L'intervention de l'aura sexuelle ou génésique en faveur de ces empreintes, qu'elle modèle ou qu'elle éparpille, en constitue le second acte. Le troisième est formé par la lutte des éléments du moi contre le soi, par la victoire ou la défaite du soi. Nous montrerons comment et à quel prix peut s'obtenir la victoire du soi, la défaite de l'hérédo.

Comment et sous quelles influences se réveillent, dans le moi, les empreintes héréditaires, morales ou physiques, celles-ci n'étant, selon nous, qu'une dérivation de celles-là ?... Sous des influences de deux ordres, extérieures et intérieures, les premières sensorielles ou de circonstance, les secondes agissant par une sorte d'autofécondation.

Nos sens sont des intermédiaires entre le moi et le dehors. Dans le moi dort ou somnole la continuité de la famille, comparable à une suite de portraits étagés dans l'obscurité, de portraits reliés, trait pour trait, aux parcelles correspondantes de notre individu. Qu'une perception auditive, visuelle, gustative, olfactive, tactile, vienne éclairer une parcelle de notre conscience et voici la parcelle héréditaire correspondante qui frémit et s'illumine à son tour, avec un territoire circonvoisin plus ou moins grand, plus ou moins net, selon l'intensité du choc. Derrière notre réaction propre, se discerne, avec un peu d'attention introspective, celle de l'ascendant ou de la ligne d'ascendants que cette réaction continue. Ainsi se trouve ranimé, pour un court instant, un fragment d'une figure héréditaire, que peut compléter, par d'autres réveils du même ordre, une impression sensorielle subséquente. C'est le réveil de l'ascendant par morceaux, sa reconstitution en jeu de patience. Il n'est aucun de nous qui n'ait éprouvé plusieurs fois dans sa vie mentale, si distrait fût-il, cette impression d'une reviviscence, d'un déjà vu, d'un déjà entendu, accompagnée du sentiment d'une dualité. Les médecins l'ont appelée paramnésie. Je la désignerais plus volontiers sous le nom de métamémoire. Elle s'accompagne fréquemment d'un sentiment de plénitude euphorique, comme si cette résurrection intérieure ajoutait de la vigueur à la circonstance, ou comme si le plaisir de l'ancêtre renforçait, lui aussi, celui du descendant. J'ajoute que ces réveils-là sont, par définition, éphémères et fugitifs. Ils tiennent plus de la phosphorescence que de la lumière proprement dite.

Il n'en est pas de même du réveil héréditaire plastique par autofécondation, plus rare, mais autrement stable et cohésif. Il semble alors que tout l'être soit envahi par un autre être, son prédécesseur dans le passé, et qui vient se substituer à lui, sur une grande étendue de la conscience, à la façon dont une forme pénétrerait dans une autre forme. Le terme approximatif d'autofécondation signifie simplement que, dans cette imparfaite métempsycose, tout se passe comme si la vie d'un seul recréait une autre vie dans son individu, une vie analogue et antérieure, plissée, godronnée de quelques légères différences. C'est alors un état de transe, où nous sommes habités et gouvernés par notre père, ou notre mère, ou l'un quelconque de nos ascendants. Notre besogne, notre métier quels qu'ils soient, s'en trouvent étrangement facilités. Le poète croit que sa Muse l'inspire. Le maréchal ferrant, le boulanger trouvent leur travail terminé sans fatigue. L'orateur sent qu'un autre, qui parle par sa bouche et gesticule par ses gestes, continue son discours. Je citerai mon cas personnel, qui est celui du fils écrivain d'un homme de lettres et d'une femme de lettres. Que de fois ne m'est-il pas arrivé de me mettre à ma table de travail et, aussitôt après ce libre déclenchement du soi que j'appelle impulsion créatrice, de reconnaître nettement l'entrée en jeu d'un élément héréditaire paternel ou maternel, qui accomplissait ma besogne, en quelque sorte à mon insu. Quand j'étais jeune, il arrivait fréquemment que mon père complétât, pendant mon sommeil, une de mes versions latines, parfois trop ardue, ou un devoir de style, que je trouvais achevé au réveil. Cette douce surprise m'est encore faite par le jeu de l'autofécondation. La vie incessamment rappelle la vie. À mesure qu'elle s'écoule, elle se reforme, en utilisant les éléments antérieurs de la lignée, et chacun de nos personnages porte en inclusion, comme emboîtées les unes dans les autres, la multitude en abrégé des existences qui l'ont précédé, la faculté de les faire renaître.

Quels échos soudains, en nous-même, à l'occasion d'une simple sensation ! Parfois quelle vibration d'une chaîne, dont les anneaux s'illuminent à mesure, vivement, puis se perdent à nouveau dans les ténèbres intérieures ! Chacune des composantes du moi se trouve remplacée par la composante similaire de l'ascendant, le souvenir par le souvenir antérieur, l'état d'esprit par l'état d'esprit passé, l'aperçu de caractère et de tempérament, par l'entre-aperçu de caractère et de tempérament, l'aspiration vague par l'aspiration plus vague. Alors nous ne « voulons » plus ; nous sommes mus par une impulsion héritée, ou partagés cruellement entre des velléités disparates, qui nous mettent en état d'hésitation et de doute. Le langage populaire dit que nous ne nous appartenons plus. C'est l'exacte vérité. Un ou plusieurs fantômes, quelquefois chers mais quelquefois odieux, toujours impératifs, se superposent à notre personnalité au point de la masquer, et nous entraînent dans des directions que nous n'avons point choisies, qui nous déplaisent ou nous répugnent. Avertis à temps, et surtout décidés à temps, il nous était facile de réagir contre cette intrusion, contre cette expropriation. L'habitude une fois installée, la lutte, toujours possible, en devient plus âpre et plus douloureuse, comparable à celle contre l'emprise ancienne d'un poison.

D'ailleurs, rien ne ressemble plus à une intoxication chronique que cette influence héréditaire, quand elle tourne à la domination. On y trouve d'abord, comme je l'ai dit, agrément et facilité, sentiment de plénitude et de suractivité intellectuelle. Puis, bientôt, ce sentiment de béatitude, pouvant aller jusqu'à la griserie, se transforme en un sentiment de rébellion, de rancune et de haine. À ce moment l'hérédo conscient se met à ruser avec son ascendant, comme le morphinomane avec sa drogue, tente de courtes évasions, des échappées sournoises, incomplètes, d'où il retombe à une servitude pire. À cet état succède celui de l'acceptation maussade, de l'hypocondrie, du mécontentement intime et de l'abandon. Jugeant le combat inégal et l'effort de libération au-dessus de ses moyens, l'hérédo prend son parti de devenir un automate, commandé tyranniquement par des doctrines qui ne sont pas les siennes, par des désirs qui ne lui appartiennent pas, par des penchants qu'il reconnaît malsains ou funestes. Son moral entraîne son physique. Le cancer, la tuberculose, la syphilis surtout de l'ascendant, commencent à ravager ses tissus. Pour n'avoir pas secoué le fardeau à temps, selon une tactique appropriée, il tombe sous le signe de la fatalité, qui est celui de la déchéance et de la mort. S'il a un fils, il aggravera pour lui le poids héréditaire, du fardeau de sa propre passivité.

Sans doute il est de bons et d'heureux héritages, des héritages d'aptitudes professionnelles, de qualités et même de vertus. Alors la qualité héritée vient en aide à la qualité acquise par un effort original et personnel. Cela se voit quand, par exemple, le fils succède au père dans son métier. Le service que peut nous rendre, en huilant les difficultés devant nous, tel ascendant, est inappréciable. En ce cas l'hérédité poursuivie est un principe de perfectionnement. Néanmoins la suppression complète de l'initiative, même sous une bonne influence héréditaire, serait un danger. Car rien ne nous garantit que demain, tout à l'heure, cette bonne influence ne se retirera pas de nous, cédant la place à une mauvaise. Le penchant héréditaire, exagérément cultivé, fait que l'ascendant nocif trouve son lit tout préparé en nous par le départ de l'ascendant bienfaisant. Le pli de la passivité congénitale est à éviter.

En outre, il est un risque redoutable, sur lequel l'attention est attirée depuis plusieurs années déjà. La domination héréditaire féminine, tombant chez le mâle et acceptée par lui, ou inversement, amènera ce trouble profond de l'instinct génésique pour lequel j'ai proposé le terme d'aliénation morale. La description de cet immense malaise se trouve dans tous les ouvrages spéciaux. La cause ne saurait en être autre que celle que j'indique ici. On a dit : la nature s'est trompée. Sans doute, mais dans l'immense majorité des cas, l'erreur de la nature est due à un accident d'autofécondation, tel que celui que j'ai décrit plus haut, coïncidant avec la fécondation normale, la troublant et conjoignant, ainsi que dans le mythe aristophanesque au *Banquet* de Platon, deux principes sexuels de même nom, pour la formation d'un anormal, d'un inverti.

Je suppose, pour fixer les idées, que les éléments du moi de A, principe paternel, et ceux du moi de B, principe maternel, concourent à la formation de C, individu du sexe masculin. Puis que, peu après la naissance, dans une période de fragilité héréditaire, au moi paternel se soit substitué, par autofécondation, un ancêtre féminin. Ce dernier renforcera, en C, le principe féminin maternel B et féminisera C. Au lieu que, inversement, si C est du sexe féminin, et si c'est en B, principe maternel, que se fait une substitution masculine ancestrale, peu de temps après la naissance, C se trouvera masculinisé. De sorte que l'origine vraie de l'aliénation morale ou inversion, et de ses terribles ravages, doit être recherchée, à mon avis, dans la confusion héréditaire au sein du moi. Celui qui, par un patient éveil du soi et de la volonté dans l'équilibre, arrivera à débrouiller l'écheveau, obtiendra du même coup la guérison de l'immense malaise et de ses affres. La plupart des aliénés moraux, qui se considéraient jusqu'à présent comme des victimes de la fatalité, doivent savoir qu'il leur est possible de triompher de la confusion héréditaire, à l'aide d'un entraînement psychoplastique approprié, d'une cure de raison.

En dépit d'un enseignement erroné, qui nous fut donné, il y a vingt-cinq ans, et dont les conséquences philosophiques furent lamentables, ce n'est pas le physique qui le plus souvent commande le moral — quant aux manifestations essentielles et profondes de l'être — c'est le moral qui commande le physique ou, plus exactement, qui le modèle. Le physique n'est que la projection du moral. Ainsi donc c'est le moral qu'il convient de redresser dans les 9/10 des cas à l'aide d'une méthode psychoplastique, dans un trouble fondamental tel que l'inversion, où des habitudes et même une conformation féminine dérivent, chez l'homme, d'une féminisation de l'hérédité, où des habitudes et une conformation masculine dérivent, chez la femme, d'une masculinisation de l'hérédité.

Le moral est tellement sculpteur du physique, par l'ébauchoir du tonus volontaire ou de l'hérédité, qu'il ne faut que quelques minutes de présence ou de conversation à l'observateur averti pour discerner, dans le passant, dans l'interlocuteur, un hérédo ou un maître de soi. L'hérédo offre un visage tourmenté et fébrile, parfois beau et fier en quelqu'une de ses parties, mais donnant par ailleurs une impression d'étrangeté ou de gêne. Son regard est inquiet ou trop aigu, son débit nerveux et précipité, son mouvement impatient. Il est sujet aux accès de colère soudains ou, au contraire, aux périodes taciturnes, pendant lesquelles, replié en lui-même, il se cherche vainement dans le dédale de ses ascendants, dans le labyrinthe de sensations, de perceptions, de velléités *altérées*, je veux dire venues de sa lignée. Il ne s'agit pas ici de l'anormal, à quelque type qu'il appartienne, mais bien de l'hérédo considéré unanimement comme normal, comme une personne ordinaire. Lui seul sait ce qu'il en est. Quand il prête l'oreille aux murmures sans nombre qui le parcourent, semblables au bruissement d'un coquillage marin, il espère passionnément s'en libérer, par le son, par la plume, par le pinceau ; puis il désespère de les fixer, il renonce, il se laisse aller à la mélancolie, que connaissent tous les indécis au front élevé, pâles ou congestifs, et à fortes mâchoires, dont les mains sont agitées de tressaillements nerveux.

Tout autre se présente le maître de soi, le Gœthe, le Mistral, le paysan, le bourgeois ignorés, mais fortement équilibrés, qui nous imposent leur regard pénétrant et calme, leur sourire compréhensif, leur langage accentué mais pondéré, posé, ponctué, leur caractère sans heurt ni soubresaut et leur volonté patiente, réfléchie. Tous nous avons connu ces grand'mères aux yeux clairs, qui savaient tenir leur maison, administrer leur avoir, élever leurs enfants, fermer les yeux de leurs maris, maintenir le crédit commercial. *Composui*, disait excellemment le sobre latin.

J'ai rencontré, au cours de mon existence, un grand nombre d'hérédos, quelques-uns comblés des plus hautes facultés, mais chez lesquels le goût du changement et l'aptitude aux variations et sautes d'humeur pouvaient être considérés presque comme une tare, en tout cas comme un signe caractéristique. Ils abondent notamment dans la race sémite, qui a conservé intacte, au cours des âges, la plupart de ses attributs intellectuels et corporels. Charcot en avait déjà fait la remarque dans ses leçons du samedi à la Salpêtrière. Un de mes camarades de jeunesse, appartenant au peuple juif, émerveillait ainsi ceux qui l'approchaient par la diversité de ses connaissances, toutes approfondies, par une culture minutieuse et comme forcée des littératures européennes. Il parlait couramment cinq langues, dont il comprenait et faisait comprendre l'esprit, dont il goûtait les idiotismes, ce qui est aussi un privilège des hérédos. Il expliquait génialement les auteurs étrangers, leurs intentions, les qualités de leur style. Par contre, sa faculté créatrice était faible, courte, et fut rapidement tarie. Il avait cessé de produire quelques années avant la maladie qui l'emporta prématurément. Il avait précocement renoncé au soi.

La fixation des empreintes héréditaires, d'origine sensorielle ou succédant à l'autofécondation, s'opère par l'état d'émotion, dans l'ordre moral, et quelquefois, dans l'ordre physique, par le stimulant pathologique d'un bacille ou d'une spirille congénitale.

L'émotion est un état de surprise sensible portant sur le moi. Mis en branle et pour ainsi dire en tremblement, les éléments héréditaires du moi dansent devant la conscience, y pénètrent, s'y gravent. Leur imprégnation est d'autant plus profonde que l'émotion a été plus forte. Il en résulte que les passions en général, renforçant en nous l'hérédo, contribuent à notre esclavage. Si, sous leur empire, nous cessons de nous gouverner, c'est parce qu'elles introduisent et accréditent en nous les éléments héréditaires, à commencer par les plus troubles, c'est parce qu'elles nous écartent du soi et de son unité. La colère, l'avarice, l'orgueil, la luxure, simples ou combinées, suscitent en nous une foule de personnages divers et de figures grimaçantes, qui prennent successivement la direction de notre être et l'entraînent à des actes de moins en moins libres, de plus en plus commandés. Ces déchaînements nous rivent, en nous donnant l'illusion de nous libérer. Ils nous transforment en un théâtre où se joue une pièce disparate et forcenée, empruntée à des éléments de drames antérieurs et marquée d'épisodes déjà éprouvés. La crise, l'état de fièvre, durent plus ou moins ; mais ensuite, nous nous apercevons que les éléments héréditaires se sont incrustés en nous, ont pris un caractère de permanence, sinon d'obsession.

Dans le cas de l'autofécondation, cette permanence, cette obsession, à la suite d'un choc émotif, sont encore plus graves. Elles peuvent aller jusqu'au remplacement, sur une large surface, de notre personnalité par un hôte nouveau, emprunté à la lignée des ascendants : « La maison est à moi, je le ferai connaître. » Il nous reste alors juste assez de connaissance pour discerner la métamorphose et pour en souffrir. Une existence entière risque d'être désolée et bouleversée par un tel changement, une telle intrusion, si le soi ne réagit pas.

Malgré mon désir de ne pas verser dans le travers des explications par la médecine, sujettes aux caprices de la mode, il me faut noter ici l'influence incontestable sur le moi des bacilles et des spirilles, notamment de celle de la syphilis. Cela alors que le soi, échappant à l'hérédité, leur demeure naturellement et par définition impénétrable. Le mode de cette transmission spirillaire et bacillaire est inconnu, et le sera sans doute longtemps encore. Quelles alliances le tréponème contracte-t-il avec le propagateur anatomique de la race, dont il possède l'agilité, le perçant, la force brisante. C'est un des mystères de l'embryologie. Nous savons seulement qu'il se transmet à travers deux, trois générations et qu'il est capable d'altérer le moi, d'amplifier ou d'activer en lui tel ou tel élément héréditaire, de modifier l'être en un mot. Les exemples de cette altération du moi sont innombrables et relatés dans tous les traités techniques, ceux notamment des Fournier, père et fils, monuments de science et de sagesse. Il m'est impossible, et il serait trop long, de noter ici mes références. J'écris pour les maîtres et pour les élèves déjà formés, non pour les débutants, ni les ignorants.

Le rêve, principalement le rêve émotif, où le dormeur est acteur et non spectateur, peut agir aussi comme fixatif des empreintes héréditaires. Chez les hérédos, il se mêle à la réalité, la pénètre, l'embrouille et constitue une des formes les plus fréquentes du somnambulisme, associé jadis par Charcot à cette fiction clinique qu'il appelait symptomatologie de l'hystérie. Dans le rêve, le moi délègue vers le soi des hallucinations que le soi repousse. De ce va-et-vient résultent les singulières éclaircies, connues de tous, pendant lesquelles nous constatons que nous rêvons, ou au contraire les réobscurcissements, pendant lesquels nous rêvons que nous rêvons. À l'occasion de ce va-et-vient, tel souvenir particulièrement aigu, tel trait de caractère, telle présence, tel état d'esprit, telle aspiration vague sont agrippés par la conscience assoupie et se logent en elle pour une longue période. Certains ont été corrompus, ou dévoyés, ou découragés, ou encouragés par un rêve. C'est un risque que courent les meilleurs, puisque le songe échappe à notre surveillance et puisqu'il ne correspond pas toujours au fond vrai de notre personnalité.

Nous arrivons ainsi au problème de la surprise de conscience, qui est un des plus importants de la psychologie : peut-il surgir en nous, à notre complet insu, un personnage inconnu. qui nous pousse à des actes répréhensibles dont nous porterons ensuite la responsabilité ? Chez l'être sain, nous répondrons que non, qu'une semblable surprise est impossible, à cause de la vigilance du soi. Chez l'être même déséquilibré, chez l'hérédo qui ne s'est jamais exercé à se surveiller, cette surprise sincère doit être encore assez rare, quoi qu'on en ait dit il y a trente ans, aux environs de ce que j'appellerai l'âge d'or de l'irresponsabilité. Nous avons vu — jusque dans le phénomène de l'autofécondation, de la quasi substitution d'une forme héréditaire à l'ensemble de notre moi — la persistance d'une frange de raison, d'une bordure de soi. À plus forte raison cette frange subsiste t-elle, en dehors de ces cas exceptionnels. Elle suffit à rendre problématique la surprise *totale* de conscience et à maintenir la responsabilité.

La simulation n'existe pas seulement chez les délinquants qui veulent, en présence d'un médecin ou d'un juge, diminuer leur responsabilité. Elle existe aussi, et très fréquemment, chez des êtres faibles, qui se mentent à eux-mêmes quant à l'intégrité et à la vigilance de leur soi, qui se jouent, en dehors même de tout délit, la comédie de l'irresponsabilité. Nombreux sont ceux, surtout dans les classes cultivées, qui prennent un orgueilleux plaisir à se poser en victimes du destin, en jouets de passions irrésistibles, auxquelles ils n'ont d'ailleurs jamais sérieusement tenté de résister. La littérature fourmille de telles confessions, à demi sincères quant à leurs auteurs, dont les plus célèbres et les plus virulentes furent celles de Jean-Jacques Rousseau, hérédo de premier plan s'il en fut. On discerne aisément chez cet écrivain, d'un style si séduisant, où court et glisse un filet trouble, pareil à la distillation d'une source de boue, le mouvement vaniteux qu'il éprouve à se laisser aller aux entraînements divers de son moi. À plus d'un tournant de sa douloureuse existence, il eût pu se reprendre en main et ordonner son soi, en domptant en lui les éléments héréditaires. Mais son hypocrisie, au sens grec du mot, son cabotinage personnel, devant le miroir, préférait s'abandonner, puis se plaindre de s'être abandonné : Rousseau, ou le naufrage du soi.

C'est à cette faiblesse, consentie, savourée, exaltée jusqu'à fausser complètement la raison, que tint la vogue extraordinaire de Jean-Jacques. Il fut contagieux, il fut le père du romantisme, de l'individualisme lyriquement conçu, en tant qu'apologiste du moi contre le soi, de la sensibilité contre l'intelligence, du désarroi héréditaire contre l'équilibre. En reconnaissance de cette exaltation du moi et de ses penchants, la métaphysique allemande, cette forcenée de l'individu considéré comme une fin, le prôna et l'adopta. Ses ravages proprement philosophiques ne furent pas moins grands que ses ravages politiques. Il n'est pas de vicieux satisfait qui ne se réclame encore aujourd'hui du mauvais Genevois à la phrase chantante, lequel arborait complaisamment ses souillures.

Quand je passais, il y a de cela vingt et quelques années, mes derniers examens de médecine, jusqu'à la thèse exclusivement, Alphonse Daudet m'avait conseillé, comme sujet de cette thèse « la maladie de Rousseau ». Mais si j'avais déjà, à cette lointaine époque, le pressentiment du drame intérieur, j'en ignorais le mécanisme. Il me manquait le fil conducteur à travers cette personnalité trouble que fut l'infortuné Jean-Jacques et j'aurais versé dans l'erreur de l'explication, vraiment trop sommaire, par une lésion de la vessie, du foie ou de la moelle. Il faut revenir de ces prétentieuses niaiseries. Ce n'est pas le lieu de suivre ici Rousseau dans tous les méandres de sa douloureuse aventure et de relever, à travers son œuvre, les marques indéniables de l'étouffement progressif de son soi par son moi, jusqu'à la folie proprement dite et au délire de la persécution, triomphe final du moi sur le soi. Il se trouvera bien un jeune savant pour entreprendre un jour et réussir ce travail, d'après les données exposées ici. Il y découvrira matière aux réflexions historiques les plus diverses et les plus intéressantes.

En effet, la Révolution française peut être considérée, psychologiquement parlant, comme une vaste insurrection d'hérédos. Ils ont tous les caractères de l'hérédo, ces personnages précoces, téméraires, versatiles, cruels et furieux, qui occupèrent alors la scène politique. Il n'est pas jusqu'à leur haine du dogme catholique, considéré comme soutien du soi, qui n'exprime le soulèvement intérieur et spontané de leur moi, dans ses parties héréditaires les plus obscures et les plus tarées. Regardez courir les spirilles, à travers la génération qui a vingt ans en 1789. Examinez le cabotinage intérieur, l'état d'hypocrisie de tous ces exaltés du moi congénital, qui se distribuent et tiennent des rôles imités de l'antiquité. La plupart d'entre eux, à l'appel des livres de Jean-Jacques, se sont reconnus et levés. Celui-là était leur homme, parce qu'il était à leur ressemblance, parce que le dualisme du moi et du soi fermentait en lui comme en eux. Il était non seulement leur maître, mais aussi leur père psychoplastique. Son erreur modelait et moulait leur erreur. Dévots de la fatalité psychologique, bien qu'invoquant sans cesse la liberté politique, ils devaient finir comme ils ont fini, dans un déséquilibre total. Marat est le châtiment de Rousseau.

Au pôle opposé de la conscience, nous avons au contraire Pascal, chez lequel, après une longue, une âpre lutte, triomphe définitivement le soi. Déchiré par des maux physiques qui ne le cédaient en rien à ceux de Rousseau, Pascal prit le parti de la résistance et demanda son salut moral à sa raison comme à sa foi. Cette attitude héroïque nous a valu des pages sublimes, dont la lecture est à elle seule un traitement des défaillances du moi. L'on y voit cette volonté ardente et retorse se saisir, se redresser elle-même, expulser, au prix de rudes efforts, les images de l'asservissement intérieur, les tiraillements du doute par contradiction des ascendants, les tentations du dialogue en balancé et du scepticisme perpétuel, si fortes chez les philosophes à hérédité tyrannique. Pascal s'y dénude comme un anatomiste, qui se disséquerait lui-même fibre à fibre. Sa main tremble, mais point son esprit, qui demeure attentif et prompt. Cet effort, ce courage se sont inscrits dans un style où l'on voit le vouloir qui se contracte et qui réduit implacablement les penchants et les passions. Cette lutte se reflète jusque dans les pensées, dans leurs raccourcis, dans leurs ellipses fulgurantes, dans leurs gémissements et dans leurs cris, que couronne une réelle béatitude, quand le croyant, après maint détour, arrive à préciser l'infini, c'est-à-dire à étreindre le soi. À cet instant, la délivrance est complète et c'est le silence de la vie, nullement comparable à celui de la mort, puisqu'il est plein, l'autre étant vide,

À quels tournants de l'âge ou des circonstances sommes-nous, hommes et femmes, plus particulièrement exposés au réveil soudain de telle ou telle empreinte héréditaire dans le moi ?

D'abord aux moments d'émotivité, c'est-à-dire à la formation physique. Ce que j'ai exposé des influences sensorielles me dispense d'insister davantage. L'état d'aspiration vague, de rêverie, de nostalgie mélancolique est éminemment favorable à l'apparition, à l'implantation des fantômes intérieurs. Le célèbre Manfred, de lord Byron, est une lyrique description de cette transe, alors que nos ascendants s'insinuent en nous par les voies les plus sournoises et notamment par la contemplation émue de la nature dans la solitude. C'est une observation que j'ai faite bien souvent : l'hérédo en général fuit les hommes et cherche le désert. Il se sent mal à l'aise dans la société, blessé par ses contacts, et il préfère jouir égoïstement, voluptueusement de la résurrection qui s'opère en lui, devant la forêt, la mer, les glaces éternelles ou les ruines. La musique est pour lui un apaisement, parce qu'elle lui donne l'illusion de préciser son imprécision intérieure et de dénombrer, par le son et le rythme, tant de formes confuses, un si grand écoulement de silhouettes morales. Sans doute le saint aussi cherche le désert, mais c'est dans une intention de résistance, afin d'y consolider son soi, à l'abri des tentations mondaines, alors que le désir de l'hérédo est précisément de s'abandonner et d'oublier son soi dans l'éparpillement ancestral. Le type de ces isolés lyriques est le poète américain Walt Whitman, qui a pris comme devise : « Soi-même et en masse » et en qui on peut relever, une à une, toutes les tares de l'hérédo de choix, aussi bien quant au contraste habituel d'une forme riche et d'une idée pauvre, que quant à l'aliénation morale.

Ce n'est pas qu'il n'y ait dans ses *Brins d'herbe* et *Roulements de tambour* des élans d'une singulière puissance. Mais le dérèglement, même prosodique, y est conçu comme une beauté de plus. Mais l'obscurité volontairement cherchée — c'est un stigmate des hérédos — gâche les plus belles pièces, celle par exemple des *Dormeurs*. Mais à chaque instant la pensée fuse, s'évanouit, se transforme, comme happée par un démon invisible, qui gîte au centre du moi de l'auteur. Son cas singulier et exemplaire est celui d'un contemplatif en qui s'éveillent à la fois une multitude de gens de métier, marins, terriens, mécaniciens, nomades, menant la ronde des métaphores, sans se soucier de la raison. Si cette inspiration héréditaire déréglée faisait école, elle serait la fin de toute poésie, au même titre que la sécheresse.

L'expérience et l'observation nous montrent aussi dans la cinquantaine, âge critique, un nouvel assaut de l'hérédité. J'ai remarqué que l'appréhension, puis la peur de la mort agissent ici comme stimulants des reviviscences congénitales au sein du moi. Combien de gens posés, tranquilles, ayant mené, jusqu'aux approches de la cinquantaine, une existence ponctuelle et raisonnable, deviennent subitement débauchés, joueurs ou paresseux, ou tombent dans une avarice sordide, dans une rapacité diurne et nocturne ! Il n'est pas malaisé alors, pour leur entourage, de retrouver l'oncle ou le grand-père, dont les défauts ou les vices revivent en eux, en même temps que leur visage revêt ce masque trouble, mêlé de concupiscence et de dureté, qui est le symptôme physique de l'emprise. L'expression de leur regard change. Ils prennent souvent l'air de bêtes sournoises ou traquées. Heureux quand ces égarés de la lignée, indemnes cependant de toute lésion cérébrale proprement dite, ne disparaissent point dans le suicide, ou dans une déchéance animale !

Chez certaines femmes de bonne situation sociale, mais de faibles clairvoyance et volonté, on a remarqué, peu après la ménopause, des tendances subites au dévergondage, à l'alcoolisme, au jeu, qui sont bien ce que l'on peut s'imaginer de plus triste et de plus dangereux. Celles-là étaient des hérédos qui s'ignoraient, chez qui le penchant à la dislocation du moi par les fantômes intérieurs était demeuré dissimulé ou latent. Sous l'influence du retour d'âge, les fantômes sont devenus agressifs et ont triomphé sans difficulté d'un soi mal préparé ou timide. Car le piège de la véritable timidité est de ne point oser agir librement, conformément au tonus du vouloir, en vue de l'équilibre.

Je n'insiste pas sur les désordres et les malheurs familiaux, qui sont la conséquence de tels réveils intempestifs. Chacun n'a qu'à rappeler ses souvenirs. Mais c'est dans la hantise presque complète, dans ce que nous avons appelé l'autofécondation, que la menace est la plus grave. Car la frange du soi demeurée intacte, si elle suffit à éveiller le remords, ne suffit plus à l'exercice de la volonté recréatrice, au redressement de la personnalité. C'est en présence de semblables accidents que se fait sentir cruellement l'absence de ces médecins de l'âme — attentifs aussi aux signes corporels — dont le XIXe siècle, perdu dans un absurde déterminisme, ne nous a malheureusement offert aucun modèle. Quand on passe en revue les meilleurs de cette époque déjà démodée, on remarque, d'une part, des psychologues spiritualistes fort éloignés de toute intervention morale, de l'autre des cliniciens matérialistes, répugnant à toute intervention thérapeutique. Chez les uns comme chez les autres, pour des motifs très différents et même opposés, la passivité est la règle. Un homme de génie, Louis Pasteur, avait, il est vrai, quitté l'une et l'autre ornière, mais les préjugés de ses disciples et l'établissement de son Institut restreignirent aux sérums et à la cuisine de laboratoire la voie de vérité qu'il avait ouverte.

CHAPITRE III

LE PREMIER ACTE DU DRAME INTÉRIEUR.
LE COMBAT DES EMPREINTES HÉRÉDITAIRES
AU SEIN DU MOI : SHAKESPEARE ET BALZAC

Voici les empreintes héréditaires, ou hérédismes, réveillés. Comment vont-elles maintenant se comporter les unes vis-à-vis des autres ? C'est le premier acte du drame intérieur au sein du moi. Les anciens l'avaient bien compris. Le chœur de leur théâtre tragique, qui maintient son jugement et sa sérénité devant les pires vicissitudes, est une image du soi, spectateur et quelquefois arbitre des tiraillements et déchirements du moi.

Ce drame intérieur, ainsi que chacun de nous peut l'observer sur lui-même, est incessant. Il peut s'obscurcir, s'atténuer, comme le bruit de la mer perçu à une certaine distance, mais, dès que nous prêtons l'oreille, il reparaît. Il intervient dans nos mobiles, comme dans nos rêveries, comme dans nos scrupules, comme dans nos remords, comme dans nos désirs. Il tend à morceler notre personnalité en un certain nombre de personnages, qui se provoquent, viennent aux prises, luttent, se réconcilient, s'apaisent, s'endorment, puis recommencent. La plupart des humains sont ainsi le jouet d'influences qu'ils ne cherchent pas à démêler, ou qu'ils baptisent de noms pompeux, tels que fatalité, nécessité, entraînement irrésistible, passion funeste. S'ils y regardaient d'un peu plus près, ils s'apercevraient que, dans les trois quarts des cas, ils sont victimes d'un immense laisser-aller et d'un engourdissement paresseux du soi. Ils sont là, devant les alternatives héréditaires de leur moi, comme au spectacle, amusés, puis surpris, puis peinés, puis attachés, puis esclavagés, et, quand l'idée leur vient d'intervenir, il est parfois trop tard pour leur énergie défaillante. Alors ils continuent, mécontents d'eux-mêmes et des autres, à tourner la roue congénitale.

Xénon est fils d'un père avare, d'une mère terrorisée par ce père, petit-fils de campagnards attachés à leurs intérêts d'un côté, généreux de l'autre, et hanté par un oncle prodigue. Sa lignée paternelle est nuancée d'hérédosyphilis et prompte aux affections du foie. Sa lignée maternelle est cardiaque. Avec cela il y a un soi en Xénon, un vigoureux garçon qui désire vivre, prospérer et se continuer en enfants bien portants. Si Xénon se connaissait, s'il avait la clé de son individu — ce livre est écrit pour la lui mettre entre les mains — il aurait toutes les chances, avec un peu de clairvoyance, de surveillance ou d'énergie, pour échapper aux préoccupations et aux maux qui le menacent, pour les empêcher de s'installer en lui. Il se rectifierait en six mois d'efforts, pénibles au début, puis tellement agréables qu'il ne pourrait bientôt plus se passer d'eux. Car la volonté est un enchantement pour celui qui sait la manier, et l'usage la rend plus brillante et plus fine. Au lieu de cela, Xénon s'abandonne. Il s'écoute. Il s'analyse, mais pour se complaire dans le trouble que lui donnent ses penchants à la rapacité et déplorer les ennuis qu'ils entraînent. Il se confie aux uns et aux autres, dans des lettres longues et diffuses, qui commencent par intéresser et attendrir, puis finissent par lasser ses meilleurs amis. Il se brouille et se réconcilie vainement avec eux. Ses ascendants avares commencent à danser la sarabande dans son moi, comme des souris et des rats dans un grenier. Il devient jaune et casanier. Il a des lancinements de coliques hépatiques. Il s'essouffle en montant les escaliers. Il va consulter plusieurs docteurs, qui lui ordonnent des traitements contradictoires et qui ne le soignent qu'en rechignant, parce qu'il ne les paye qu'à regret. Un jour, dans une minute de détente, le fantôme de son oncle lui suggère de donner mille francs à un malheureux, dont la reconnaissance, comme il arrive, est faible. « Tu vois bien, tu vois bien », lui crient aussitôt, sur des tons différents, tous les avares de sa lignée. Plaignez Xénon, il est sur une mauvaise pente. Il ne sortira pas de l'ornière. Même si l'envie lui vient de se marier, il délaissera la jolie fille sans dot pour le laideron riche et surveillé, qui donne l'illusion de la fortune sans en donner la réalité et le prive de l'amour vrai et partagé…

Qui n'a connu, fréquenté plusieurs Xénon ?

Aristippe a eu une mère folle, un père normal, mais un peu plat et, comme il a peur de l'hérédité, il n'a jamais regardé plus haut dans sa famille, de crainte d'y découvrir des tares « fatales ». Car il a la superstition de la fatalité. La terreur de sa mère le hante. Il lit des traités de médecine. Il y découvre maint symptôme et prodrome d'aliénation, qu'il croit ressentir. Cela fait que, par l'obsession, l'hérédité maternelle d'abord fugitive et flottante, s'installe chez lui de plus en plus, sur des bizarreries et des tics. Il va consulter un docteur intelligent — il y en a — qui lui conseille le divertissement. Le diable veut que ce divertissement soit le jeu, auquel s'adonnait un ancien grand-père, profondément inconnu d'Aristippe, et qui se livre désormais à d'étranges batailles, au sein d'Aristippe, avec la mère du malheureux. Un joueur retouché par une mélancolique, on imagine ce que peut être le mélange ! Aristippe se désole de ce combat dont il est l'enjeu, sans tirer aucunement parti d'une faculté rustico-bourgeoise de bon sens, qui est en lui, et qui, cultivée, le sauverait. Il va à la ruine et à la maison de santé, au lieu de s'évader de son moi par la ressource libératrice du tonus du vouloir, par le développement de sa raison.

Je n'insiste pas sur les esprits supérieurs, ou se croyant supérieurs, qui échafaudent, sur les reviviscences et les harcèlements de leur moi, des théories compliquées et transcendantes. Le modèle le plus illustre et le plus saisissant nous en est offert par le Boche Frédéric Nietzsche, écrivain malheureux et éloquent, dont j'ignore la lignée héréditaire, mais dont j'affirme, sans crainte de me tromper, que le moi n'était qu'une confuse bagarre. Ne parvenant pas à faire sa chambre suivant la norme ordinaire, ce pauvre garçon imagina de « renverser » — comme il disait — toutes les valeurs : c'est-à-dire de mettre son lit perpendiculaire, les fauteuils la tête en bas et la pendule dans la cheminée. Ensuite il se plaignit amèrement de ne pouvoir ni se coucher, ni s'asseoir, ni connaître l'heure, cependant qu'il proposait aux autres cette « règle de vie ». Aussi nettement que s'il était là, je le vois déchiré par ses ascendants, comme le docteur Faust, dans la légende originale allemande, fut déchiré par le diable. On suit même, à travers son œuvre vociférante, chuchotante, balbuliante, bredouillante, les changements de ton et d'accent de cinq ou six ancêtres tyranniques, auxquels il cède tout le terrain, avec des yeux exorbités d'épouvante. C'est que, polie, courtoise, onctueuse chez un Renan, la contradiction des fantômes était, chez Nietzsche, hargneuse, rageuse et furibonde, ainsi qu'il sied à des reviviscences, plus ou moins hagardes, de haines de races, la slave et la teutonique.

Pendant que je suis sur ce sujet, je signale, — comme différence et opposition ethnique au sein des éléments héréditaires du moi, — le cas, exceptionnel, de Pouchkine, descendant croisé, dit-on, de Russes et d'Éthiopiens. D'où un frottement de sensibilités différentes et un style en quelque sorte à deux goûts, dont les connaisseurs se déclarent enchantés. Il y a une catégorie du lyrisme qui pourrait bien relever directement de ce contraste, de ce combat, des composantes congénitales. La saveur originale et décevante de Henri Heine est faite de deux personnages au moins, l'un expansif et mélodieux comme une sirène de la mer du Nord, l'autre ironique, intempestif et pessimiste comme un manieur d'argent du ghetto, qui se partagent les cordes de sa lyre. L'auteur des *Reisebilder* et de l'*Intermezzo* ne peut pas ne pas exposer à la risée et au mépris ce qu'il vient d'admirer ou de chérir. Il lui faut à toute force salir l'objet de son émotion. Ce penchant à l'autodestruction, suicidaire, pour tout résumer, est aussi un stigmate des hérédos. Quand ils chantent, la beauté de leur chant est déparée par une amertume foncière, laquelle tient à la décomposition, à l'éparpillement des éléments troubles de leur moi, comparable à la boîte de Pandore.

Le phénomène connu sous le nom de précocité, dans quelque branche de connaissances — musique, mathématique, dessin — qu'il se produise, n'est autre qu'un résultat de superpositions héréditaires de même sens, au sein du moi. Supposons que, chez Pierre, trois ascendant sur quatre aient été bien doués au point de vue du calcul, ou de l'algèbre, ou de la géométrie, qu'ils aient eu le sens du nombre et de la position de figures, en un mot du compartimentage de l'espace et du temps. Pierre, héritant de trois facultés positives de même sens, aura de très bonne heure les plus remarquables dispositions aux mathématiques, ou, s'il s'agit d'un hérédo auditif et rythmique, à la musique. Il sera aisément un jeune prodige. Exceptionnellement, ces dons persisteront dans l'âge mûr, ce qui fut le cas de Mozart. Plus souvent, ils s'évanouiront avec les fantômes qui les suscitaient, et de ces facultés éblouissantes, mais éphémères, il ne restera plus que l'amer souvenir. C'est parce que l'hérédité, même favorable, est décevante qu'il convient de renforcer le soi, en marquant leur limite aux mirages.

L'interférence héréditaire est heureusement un épisode assez fréquent de la vie du moi. Grâce à elle, un ancêtre nocif se trouve annihilé par un autre de sens contraire. Le fils d'un père prodigue et d'une mère avare, ou d'un père débauché et d'une mère chaste, a chance de passer à côté ou au travers de leur opposition en lui-même, sans trouble ni dommage. Cette règle n'est d'ailleurs pas absolue. Il se peut qu'au contraire le père et la mère agissent successivement, et non plus simultanément, inspirent à leur fils des alternatives d'avarice et de prodigalité, de débauche et de chasteté. On voit les espérances que de tels antagonismes ouvrent à la délivrance, à l'évasion des hérédos. Certains d'entre eux en ont le sentiment, j'en ai connu un qui n'entreprenait quelque chose d'important que quand il se sentait sous l'influence de sa mère, femme d'un rare bon sens, et qui s'abstenait de toute initiative, aussitôt qu'il se sentait hanté par son père, homme léger, inconsistant et gaffeur.

Car, de même que quelques malades possèdent la faculté endoscopique de voir et de décrire exactement les lésions de leurs viscères — Sollier en cite des exemples très nets — de même quelques hérédos voient et sentent leurs hérédités différentes et composent avec elles. Il s'agit en général de gens d'une extrême acuité psychologique et adonnés à l'observation. Un garçon d'une trentaine d'années, qui adorait son père vivant, l'exécrait quand il le retrouvait en lui, comme dominateur de son destin. Le père mourut, et cette haine fit place à une sorte de narcissisme attendri, de culte rendu au fantôme intérieur du cher disparu. Un autre conversait avec son psychisme maternel, dont il reconnaissait l'approche mentale, comme avec une personne vivante. Sans doute entrait-il dans ces cas, à la longue, quelque affectation. Le fond n'en était pas moins vrai.

Mais l'hérédo ne connaît pas toujours ceux et celles qui viennent prendre place dans son moral et dans son physique, de façon transitoire ou durable. Très souvent, ces hôtes sont mystérieux et masqués, issus du lointain de la lignée ou d'un angle familial mal connu. Ils passent, indécis et grisâtres, parfois brièvement brutaux et tapageurs, s'insinuent sournoisement, disparaissent à l'improviste, sont remplacés par d'autres de même allure, de même maintien. Nous ne pouvons plus rien connaître d'eux, si ce n'est leur influence momentanée, leur succession, leur retour, comme s'ils avaient oublié quelque chose. Ils deviennent alors des protagonistes psychiques innominés, des créations demi-héréditaires, demi-imaginatives du moi.

Il déplaît à l'être normal et sain d'être ainsi gouverné par une dispute de morts, de servir de champ clos aux fantômes de sa lignée. C'est alors que le soi réagit par l'impulsion créatrice — en vue de l'équilibre raisonnable — et projette au dehors ces éléments de trouble et de discorde intérieure. La littérature dramatique et romanesque doit être ainsi envisagée, à mon sens, chez quelques-uns de ses plus hauts représentants, comme une vigoureuse élimination des protagonistes psychiques, comme une projection des éléments héréditaires du moi. L'œuvre d'art est souvent un effort personnel de l'individu, en vue de se délivrer de la foule de personnages qui le hantent, empruntés à son ascendance. L'œuvre d'art spontanée et géniale est moins un agglomérat d'observations qu'une émission de ces hôtes intérieurs, reliés les uns aux autres par des circonstances plus ou moins forgées, logiquement déduite de leurs contrastes.

— Comment voulez-vous que j'aie le temps d'observer, mon cher ami ? — disait Balzac à Raymond Brücker. — J'ai à peine celui d'écrire.

Ibsen a spécifié quelque part : « Ecrire, c'est donner la liberté aux démons qui habitent les cellules secrètes de l'esprit. » On connaît le mot de Gœthe : « Poésie, c'est délivrance. » Il n'est peut-être pas un grand individu qui n'ait senti obscurément cette quasi nécessité où il était de purger les formes qui l'obsédaient, formes héritées de ses aïeux ; qui n'ait éprouvé la joie, quelquefois péniblement achetée, de donner issue à ces mannequins, de leur insuffler une existence nouvelle. C'est l'euphorie de la création littéraire, la griserie dont parlent Renan et Balzac, le trépied magique que chante Eumolpe au festin de Trimalcion :

Ut corlina sonet, céleri distincta mealu…

Il est surprenant que ce point de vue n'ait pas encore été envisagé, du moins à ma connaissance, par la critique littéraire et dramatique, qu'elle n'ait pas cherché davantage ce qu'il y avait derrière ce terme si vague d'inspiration. L'homme de lettres, le dramaturge, le romancier ne sont point, dans le peuple des humains, des phénomènes isolés, comparables à des champignons monstrueux. Ils sont simplement des êtres dont le moi, plus chargé que chez d'autres, et commandé par un soi plus impératif, se déverse au dehors, sur la page imprimée, de ses protagonistes. La résultante verbale de toutes ces voix, de tous ces accents, plus ou moins fondus, plus ou moins harmonieux, s'appelle le style. Il est donc plus juste de comparer le style à un orchestre qu'à un solo. Ouvrez Racine, le plus hanté, c'est-à-dire le plus passionné, le plus divers, et en même temps le plus mélodieux de tous nos tragiques, lisez-le à haute voix, en vous rappelant ces quelques notions sur la plasticité héréditaire du moi, et vous distinguerez une vingtaine de personnages, mâles et femelles, pour qui les noms historiques et les costumes antiques ne sont que des déguisements. Ces rois, ces reines, ce Tite, cette Bérénice, cette Phèdre, cette Athalie, cet Hippolyte, ces suivantes, ces confidentes étaient en Racine. Elles étaient intraraciniennes, ces héroïnes terribles ou touchantes, parce que antéraciniennes, parce que transmises à ce poète de génie par les femmes et les hommes de son pedigree. Elles étaient mêlées à son sang et à ses nerfs, trempées dans sa sensibilité, elles faisaient partie de ses penchants, de ses préférences, de ses aspirations vagues. D'où l'impression de vie, l'intense émotion qui se dégagent d'elles. Elles semblent réellement des reviviscences. Les propos amers et doux, divinement cadencés, qu'elles tiennent sont des échos de leur existence terrestre, transmis, à travers plusieurs générations jusqu'à leur traducteur ému et fidèle rencontré, ainsi que, dans les vieux contes le vivant chargé du message du mort. L'air de cristal, où vibrent ces accents immortels, c'est la corde d'argent tendue le long des âges et qui recueille trois siècles de vibrations amoureuses et mélancoliques.

Est-ce à dire que le soi de Racine n'intervienne pas dans ses créations, en dehors de l'impulsion initiale ? Nullement. Ce soi si sage est manifeste au milieu de ce débordement d'ardeurs souvent impures. On croirait un ange aux ailes diaphanes, penché sur une rôtissoire de démons. Le soi de Racine est successivement émerveillé et scandalisé par les licences de la Vénus sylvestre dont parle, en tremblant, le vieux poète latin :

Tune Venus in sylvis jungebat corpora amantum.

Le soi de Racine assiste, plein de repentir, à ces débordements délicieux et il en conçoit un remords, dont l'alto se mêle aux tentations charnelles de la lignée.

Chez Corneille, il y a visible prédominance des guerriers et des juristes sur les amoureux. Ici la cité, au sens romain du mot, commande et courbe l'individu. La chaleur des torches passionnelles ne fait pas fondre la cire sur les tables des annales sévères. Alors que, chez Racine, le conflit est entre la loi morale et l'emportement amoureux, il est, chez Corneille, entre la législation et un amour plus idéal et plus grave, qui a les couleurs et le son de l'amitié. Racine fait dialoguer ses aïeules. Corneille fait dialoguer ses aïeux. L'un et l'autre habillent les hommes en femmes et réciproquement. Mais c'est le ton qui fait la chanson. Chez celui-ci, comme chez celui-là, le phénomène de l'autofécondation, qui réveille des empreintes complètes et grandeur nature dans la malléabilité du moi, est poussé à son paroxysme. Néanmoins, à mesure que les personnages se succèdent sur l'écran de la conscience, une frange du soi cornélien et racinien, demeurée vivement lumineuse, montre la possession où ces maîtres sont d'eux-mêmes et la solide qualité de leur raison. D'où un sentiment de grandeur et de sécurité incomparable. Charmé ou bouleversé, le spectateur sait qu'il est dans de fortes mains et qu'il ne risque pas de s'égarer.

Deux auteurs se prêtent particulièrement à la démonstration, que nous poursuivons ici, du rôle des protagonistes psychiques dans la création dramatique ou amoureuse : j'ai nommé Shakespeare et Balzac.

C'est au cours de mon roman : *Le Voyage de Shakespeare* — paru en 1896 — que mon attention fut attirée pour la première fois sur l'intensité hallucinatoire des personnages du grand tragique anglais et sur l'explication possible de leur genèse par des reviviscences héréditaires au sein du moi shakespearien. J'avais passé toute une année à relire l'œuvre immortelle et les commentateurs, à noter les concordances des premiers rôles, les passages où transparaissent plus nettement l'individualité du poète et ses humeurs. Tout plein de mon sujet, j'essayais de me représenter les états d'esprit, ou mieux de transe, qui avaient présidé à ce lancement dans la vie lyrique d'amoureux, d'avares, de jaloux, de rancuniers, de vengeurs, de mélancoliques, de gloutons, de fantaisistes et de scélérats. J'admirais que tous ces héros du bien et du mal tinssent chacun le langage elliptique et ramassé correspondant à leur nature. Plus j'allais, plus je me persuadais que l'observation, la déduction et l'induction étaient insuffisantes à donner la clé d'une telle puissance de résurrection. C'est alors que m'apparut d'abord, sous la forme d'une hypothèse commode, la théorie des métamorphoses intérieures, sous l'aiguillon du soi. La pensée souveraine de Shakespeare devint, à mes yeux, l'accumulateur magique d'une multitude d'ascendants, de formes héréditaires, qui reprenaient en lui voix et couleur, et comme l'émanation multiple de son moi. Une fois en possession de cette certitude, dans laquelle me confirmait une analyse attentive et serrée, je vécus pendant quelques semaines dans une sorte de griserie intellectuelle, reconstituant la lignée shakespearienne, d'après Macbeth, Hamlet, Ophélie, Desdémone, Shylock, Richard III, Jules César, Antoine, Cléopâtre, Cymbeline, et tout ce peuple innombrable de figures émouvantes, douloureuses, âpres ou enchanteresses.

Mais seulement une dizaine d'années plus tard, j'arrivai à dénouer l'écheveau embrouillé du moi et du soi et à comprendre le mécanisme de l'élimination des images et des figures ancestrales. Ici encore je me défiai d'une généralisation hâtive et de ces insupportables marottes qui hantent, au tournant de la quarantaine, les écrivains et les philosophes. Je regardai autour de moi, je rassemblai mes souvenirs, je les confrontai les uns aux autres. La littérature aidant la vie, puis la vie retouchant la littérature, j'atteignis enfin la conception fort claire à laquelle je suis parvenu aujourd'hui. J'expérimentai sur moi-même la force de la volonté, appliquée méthodiquement à la victoire du soi sur le moi, et je fus étonné des résultats obtenus en peu de temps, C'est ainsi que l'étude de Shakespeare est intimement liée pour moi à l'histoire de l'Hérédo. Je pense que la conception de Hamlet, ainsi que je l'ai précédemment indiqué, prouve que cet étonnant précurseur était arrivé de son côté à des conclusions analogues aux miennes et qu'il les a illustrées et symbolisées dans les deux versions successives de son chef-d'œuvre. Il serait ainsi le roi de l'introspection, comme le roi de la création dramatique, et l'analyste chez lui égalerait le poète.

Trois sommets frappent dans cette chaîne majestueuse qu'est le développement du génie shakespearien :

1° La vérité des cris ;

2° La vérité du développement organique des caractères ;

3° La leçon morale.

Quant au premier point, un pareil don suppose l'identification complète de l'auteur avec ses divers personnages. Shakespeare est Othello lui-même quand, longtemps après l'avertissement d'Iago sur les boucs et les singes, il s'écrie mnémotechniquement : « Boucs et singes ! » Shakespeare est Cléopâtre elle-même quand il pousse le soupir fameux : « Heureux cheval qui va porter le corps d'Antoine ! » Shakespeare est Hamlet, non seulement dans la divulgation successive, perfide et feutrée de son secret à ses confidents, non seulement dans le « mourir, dormir, rêver peut-être », mais encore à tous les moments de ce songe éveillé sur soi-même. Shakespeare est chef et amoureux dans le : « Nous avons dissipé à travers nos baisers — kissed away — des royaumes et des provinces ». Shakespeare est Mercutio dans la fantaisie ailée de la reine Mab, dans l'ironie si âpre du moribond, sous l'épée de Tybalt. Ce n'est plus là de l'inspiration. C'est de la métempsycose. Le poète est habité successivement par ceux qu'il exprime. Or, quels pouvaient être ces habitants, si ce n'est la troupe de ses éléments héréditaires, le défilé de ses fantômes intérieurs ? À chaque tournant de ses dialogues si expressifs, je murmure, malgré moi, le « voici le spectre » le « enter the ghost » de *Hamlet* et de *Jules César*. « Voici le spectre », c'est-à-dire voici le tyran, le volontaire, le cruel, l'avare, le désabusé, le fol, la gracieuse, la grincheuse, la passionnée du pedigree shakespearien, qui vont se servir du génie comme d'un truchement de reviviscence, jouer sur sa lyre d'or et d'airain, emprunter son verbe et son rythme. Il est autofécondé, il est manœuvré, il est agi. Le son de ses vers est celui de toutes ces âmes ancestrales, qui viennent successivement se loger dans son âme et se chauffer à son rayonnement.

La chose est encore plus manifeste quand on examine la justesse du développement organique des caractères. Il y a là une spontanéité seulement comparable à celle de la nature. Les sentiments, une fois semés, germent et poussent en conséquences et frondaisons tragiques, selon une cadence calquée sur le réel. Cette cadence était nécessairement en Shakespeare. Elle ne pouvait lui venir que d'une reformation perpétuelle en lui des êtres et des événements liés à leurs caractères et à leurs penchants, que de leur processus mental et moral. Il était une chambre d'apparitions et de croissances congénitales, un musée de portraits ranimés. Sa composition dramatique n'était ainsi qu'un décalque de ce qui se jouait en lui. On l'imagine joyeuse, extrêmement rapide et facile. Elle le soulageait de tant de formes familiales, aussitôt fixées que conçues, et toujours saisies à leur apogée d'intensité et de beauté ! Car, par la vertu de son soi, demeuré vigilant et stimulant, chaque page, chaque ligne de ce livre de raison en mouvement était lumineuse. Ses ancêtres lui versaient de la diversité et de la force. Il leur rendait de la splendeur. Le tout n'allait pas sans contractions, ni grimaces, ni obscurités. Mais quelle majesté dans l'ensemble et quel besoin de fusion, d'arrangement suprême !

Insisterai-je sur la leçon qui se dégage de chaque pièce, avec la sécurité d'un parfum émanant de la plus complexe des fleurs. Partis de l'impulsion créatrice du soi, nous revenons ici à ce soi, après libération des hérédos, par l'équilibre raisonnable. Le maître, après s'être lyriquement abandonné à ses démons intimes. se domine et se reprend. Il sait où il va. Les violents sont punis dans leur violence, les méchants châtiés dans leur méchanceté, les fourbes dupés par leur propre fourbe, les sanguinaires inondés de leur propre sang, les ambitieux crucifiés sur leur rêve. Macbeth, lady Macbeth, Hamlet, Othello, Richard III, Tybalt, Brutus, ont vécu conformément au moi de Shakespeare, Ils meurent conformément à son soi. De toutes leurs fureurs et folies éparses se dégage une sagesse souveraine. La palpitation du pardon est au-dessus de ces châtiments extrêmes, de ces corps brisés et de ces plaies béantes. Divin silence, après la chute de tant de clameurs !

Vous me direz que l'hérédité de Shakespeare était terriblement chargée pour qu'il ait pu, en l'écoulant, en la ranimant par sa plume, projeter tant de corps et de visions. Sans doute. Néanmoins à y regarder de près, le peuple nombreux de ses personnages se ramène à une quinzaine de typifications dont il a tiré des combinaisons, et des secondes et troisièmes moutures. Car il aimait jouer à décomposer et recomposer ses héros, ceux et celles aux réactions de qui se complaisait sa rêverie lyrique. Une quinzaine de protagonistes pour refaire un monde, ce n'est pas beaucoup. C'est suffisant quand on est Shakespeare, le pasteur radieux du plus noble troupeau d'images terrestres et célestes, quand on manie l'air, l'eau et le feu, comme la volupté et la douleur.

En dehors de ces preuves littéraires, il en est une d'un ordre différent, que je soumets aux habitués de la pensée et du drame shakespeariens. C'est l'atmosphère d'allusion, de sous-entendu, d'énigme, particulière à cet étrange génie. Une longue expérience des hérédos m'a permis de constater chez eux cette tendance, d'autant plus sensible qu'ils sont plus élevés dans l'échelle intellectuelle. Les divers personnages familiers, qui viennent tour à tour hanter leur moi, ne demeurent pas inertes les uns vis-à-vis des autres. Il y a entre eux un état de rivalité, d'émulation, qui les incite à ruser tantôt avec les autres éléments du moi, tantôt avec le soi. Il en résulte, pour la personnalité créatrice, une propension au langage chiffré, au rébus, au style du second degré. Derrière la première signification, en voici une plus dissimulée, plus absconse. Ceci est à noter que, dans la vie courante, le mensonge chronique est un symptôme d'hérédité chargée. Ceux qu'on a appelés récemment des mythomanes, les forgeurs de circonstances mirobolantes, sont des gens dont le moi, trop peuplé, cherche à se délivrer par le conte à dormir debout, par la blague habilement échafaudée. Il en est de même du mensonge de l'enfant. Ces fabrications ne tiennent guère devant une interrogation directe et franche, qui réveille aussitôt le demi-dormeur. Dans la littérature contemporaine, je vous citerai trois exemples de ce penchant aux arcanes, par surcharge du moi : en France, Stéphane Mallarmé ; en Angleterre, Robert

Browning et George Meredith. Une étude de leurs intrications intellectuelles, d'une complexité, chez eux habituelle, qui peut aller jusqu'à l'obscurité totale, nous montrerait leurs éléments héréditaires chevauchant les uns sur les autres, s'interposant et se contrariant. Ils tiennent, en langage clair, des propos ténébreux, parce qu'ils veulent donner la parole à plusieurs personnes à la fois, parce que la phrase et le mot prennent ainsi, pour eux, deux et trois sens et bougent dans leur esprit, tandis qu'ils les emploient.

Chacun connaît l'intensité extraordinaire qu'acquièrent certains mots, cependant d'un usage courant, dans les rêves. Mon père citait ainsi le terme « architectural », qui lui était apparu, au cours d'un songe, comme la clé de plusieurs mystères et l'avait empli d'un orgueil surhumain. Chez l'hérédo, les mots suggérés par l'impulsion créatrice du soi, mais colorés et employés par les habitants héréditaires du moi, gagnent ainsi en signification et en puissance. Ils débordent d'expressivité. Ils sont conçus comme lumineux, colorés et sonores autant que comme éléments du langage. Ils prêtent à l'allitération, même au jeu des odeurs et des nuances.

« *Les parfums, les couleurs et les sons se répondent.* »

En général le verbe, qui indique et spécifie l'acte, relève plutôt du soi, alors que les substantifs et qualificatifs traduisent la variété et les alternatives du moi. C'est ainsi que le style lui-même témoigne des dispositions intérieures et de l'intégrité ou de la dissolution du vouloir. Chez Bossuet, le soi est apparent, nu, brillant et tranchant comme une lame de sabre. Chez Voltaire, le style semble le poudroiement des mille petits éclats, des mille facettes du moi. Ce sarcasme est un cliquetis de voix de fausset, dont l'haleine est courte, mais l'accent pénétrant. On distingue dans Candide, par exemple, la collaboration d'une vieille dame médisante et cancanière, d'un anarchiste complet et d'un sadique. Mais l'éclairage et l'équilibre de ce saisissant petit ouvrage témoignent de l'intervention saccadée d'un soi à éclipses, d'un bon sens à déflagrations successives.

En ce qui concerne la libération des hérédismes, la projection au dehors des habitants du moi, Balzac n'est pas moins significatif, pas moins intéressant que Shakespeare. S'il a choisi — sauf quelques rares et peu heureuses exceptions — la forme du roman, c'est que le type historien prédomine en lui : un historien puissant et profond, parfois diffus. Mais quand il en arrive au dialogue de ses personnages, quelle vérité dans les cris, dans le développement organique des caractères et, en conclusion, quelles leçons morales ! Le soi, expurgé de ses protagonistes psychiques, brille alors d'un éclat unique, *nitidus*, disait le latin.

La fresque de la *Comédie Humaine*, ombre portée de toute l'hérédité balzacienne, n'est en réalité qu'un combat de ces empreintes. Le retour, à travers des ouvrages différents, des mêmes héros et héroïnes, montre combien Balzac tenait à eux. Ils étaient, en effet, des morceaux animés de son pedigree. Sans doute quelques éléments de leur physique ou de leur moral étaient-ils empruntés à la réalité extérieure, à des contemporains vivants ou à des lectures : mais leur substance, mais leur texture, mais leur continuité, mais leur intensité venaient, à n'en pas douter, des transformations du moi de l'auteur, de ses métempsycoses congénitales. Ces figures inoubliables, de Marsay, le père Goriot, Vautrin, la duchesse de Maufrigneuse, Mme de Bauséant, Mme Evangelista, Mme Marneffe, le baron Hulot, Joseph Brideau, Marie de Verneuil, d'Arthez, Rastignac, Rubempré sont des marionnettes de la lignée de cet homme océan, à la grosse tête, aux yeux de feu, dont la puissance organique résumait un monde. Comme Shakespeare, un accumulateur. Comme Shakespeare, un de ces privilégiés, ou un de ces damnés — c'est, au point de vue humain, presque la même chose — qui, en proie à une foule intérieure, à vingt reviviscences, au mystère continuel de l'autofécondation, se délivrent de leurs hérédismes par la création littéraire. L'analogie ici est frappante et peut être poursuivie très loin.

Quiconque désire s'en convaincre n'a qu'à lire en même temps *le père Goriot* et *le Roi Lear, les Chouans* et *Roméo et Juliette, Shylock* et *Eugénie Grandet, Le Lys dans la Vallée* et *Comme il vous plaira*. Dans ces conceptions si voisines, les mêmes empreintes ont éveillé les mêmes images, la même atmosphère, presque les mêmes propos. La nuit d'amour des amants de Venise est exactement superposable à la nuit d'amour des amants de Fougères. Bien sot celui qui verrait ici la moindre imitation. Les mêmes circonstances sont nées du même sujet, né lui-même des mêmes réveils au sein du moi. S'ils avaient vécu depuis leur naissance, avec du papier, des plumes et de l'encre, chacun dans une île déserte, Shakespeare et Balzac auraient sans doute écrit la même œuvre, le premier sous forme de drames, le second sous forme de romans. Leurs différences ne tiennent qu'aux contacts différents de leurs siècles. Ajoutons-y, si vous voulez, dans le plateau shakespearien, le sens féerique que Balzac ne possédait pas et une certaine ellipse, gracieuse ou farouche, qui lui manquait aussi. Mais, sauf cela, que de ressemblances profondes, quelle ignorance en commun de la fatigue d'autrui, spectateur ou lecteur, quelle puissance hallucinatoire, quelle analogie de timbres, doux et voluptueux dans les voix féminines, durs et frénétiques dans les voix masculines, et quelle même façon de débrider l'instinct dans l'intelligence, puis l'intelligence dans l'instinct !

Similia similihas. Contraria conirariis. Les divers habitants du moi s'attirent et se repoussent par leurs affinités, comme par leurs contrastes. Shakespeare ou Balzac conçoit un avare, Shylock ou Grandet. Cela veut dire, d'après nous, qu'un avare de la lignée de Shakespeare ou de celle de Balzac est saisi par le faisceau lumineux de son imagination et transporté de là sur la scène ou dans le livre. Mais il suscite en même temps son antithèse, qui est la générosité, le don de soi, personnifié par la jeunesse amoureuse, par un hérédisme correspondant de Shakespeare ou de Balzac. Voici Jessica et Eugénie Grandet. Pareillement un peureux fera surgir un brave, un idéaliste fera surgir un matérialiste. C'est de ces appels psychoplastiques, de ces évocations contrastées qu'est faite la création littéraire ou dramatique véritable. Maint chef-d'œuvre n'est que le développement d'une telle opposition entre deux fantômes intérieurs, dont l'un fut évoqué par l'autre. L'exemple le plus illustre en est *Don Quichotte*. La splendeur et la durée de ce livre tiennent à ce que Cervantès y a porté, tout chauds, tout bouillants, deux éléments fortement ranimés de son moi. Leur lutte, traduite par son génie, est devenue un motif éternel, et a pris une valeur symbolique.

Les créations littéraires et artistiques — et au premier rang les créations dramatiques — sont les seules qui libèrent aussi complètement l'hérédo. Celui-ci se confesse beaucoup moins dans les créations ou découvertes scientifiques. Néanmoins, à un certain degré de pénétration et d'invention, les figures héréditaires interviennent aussi chez le savant. Un Duchenne de Boulogne, un Laënnec, un Claude Bernard, un Pasteur ont certainement bénéficié des ententes et des combats de leurs personnages intérieurs. Ces ententes et ces combats ont creusé dans leur conscience, dans leur faculté imaginative, des dénivellements et des failles, qui leur ont permis de s'étonner et de chercher à comprendre, là où leurs prédécesseurs, les yeux et l'esprit fermés, acceptaient. La patience du paysan et l'ingéniosité du marin, l'antique curiosité et la ruse de l'alchimiste et du navigateur sont en ces quatre inventeurs et permettent de conjecturer chez eux un vigoureux travail de psychoplastie.

Duchenne de Boulogne était un tenace, un fureteur et un mécanicien. Laënnec avait des parties d'écrivain et aussi de géographe ; il a fait la carte du poumon. Claude Bernard avait des parties de dramaturge et éprouvait le besoin de dramatiser le laboratoire. Pasteur tenait de l'apiculteur, du laboureur et du cuisinier. On pressent ainsi, chez ces quatre grands trouveurs, une transe générale et plusieurs résurrections particulières du moi. Si nous connaissions leurs ascendants, le problème s'éclairerait aussitôt de vives lueurs. Quand on lit les *Mémoires* de Darwin et sa correspondance, il est très sensible que le déclenchement de son génie d'observation, à bord du *Beagle*, fut chez lui une décharge héréditaire. Les portes de son esprit de synthèse-analyse s'ouvraient chez lui successivement, comme poussées chaque fois par des mains invisibles d'explorateur et de jardinier. Je suis porté à croire — mais ce n'est qu'une supposition appuyée sur un certain nombre de remarques — que la série des métiers manuels donne, dans la descendance, des savants, que les bergers, les marins et les guerriers forment des auteurs dramatiques et des hommes de lettres. On dirait que la vie en plein air favorise l'expulsion des hérédismes et pousse à la concentration du soi. Ce qui est certain, c'est que les savants sont plus soucieux, plus inquiets, plus tourmentés que les écrivains et que les artistes. J'ai fréquenté les uns et les autres. La différence est très frappante. La plupart des savants n'osent pas vivre, ou entrent trop tard dans la vie, semblent partagés, tiraillés entre des penchants inharmonieux. Ils ont des entêtements animaux et des naïvetés de tout jeune enfant. En dehors de leur spécialité, la vérité politique ou psychologique les émeut, les trouble, les rebute. Ils se contentent, en ces domaines, de médiocrité et de poncifs. Les milieux scientifiques sont, en général, puérils, dominés par des préoccupations rabougries, ou d'une servilité extraordinaire. On diagnostique aisément chez eux, quand on connaît la question, des gens empoisonnés par leur ascendance et qui vont jusqu'au terme de l'existence sans avoir osé être eux-mêmes.

CHAPITRE IV

CRITIQUE DE L'INCONSCIENT :
L'INSTINCT GÉNÉSIQUE. —— LE DEUXIÈME ACTE
DU DRAME INTÉRIEUR

Depuis l'époque où le Boche Edouard von Hartmann a écrit sa *Philosophie de l'Inconscient,* cette fausse doctrine a fait des petits. L'Inconscient est devenu le tarte-à-la-crème des physiologistes en mal de psychologie et des psychologues en mal de métaphysique. Le monstre informe a bénéficié de l'ignorance et du laisser-aller des philosophes et des médecins, ainsi qu'un animal familier, nourri de tous les détritus de la clinique nerveuse et des laissés pour compte de l'induction. Penseurs et psychiatres ont pris, à qui mieux mieux, l'habitude d'attribuer à l'Inconscient tout phénomène mal observé, ou dont l'on ne découvrait point immédiatement les causes. Ainsi dessinait-on autrefois des lions ou des tigres sur les espaces inexplorés des cartes de géographie. Il en est résulté un grand vague dans la connaissance et une véritable exploitation de ce vague par la rhétorique à la mode.

Une étude suivie du problème m'a mené à cette conclusion que la plupart des phénomènes, attribués au fameux Inconscient, dérivent en réalité de l'instinct génésique, des formes héréditaires dont il peuple le moi, par le mécanisme de l'autofécondation, et de l'obscurité qu'il projette sur le soi.

Afin de fixer les idées, je propose le schéma suivant :

L'impulsion ou initiative créatrice du soi (en A) se dirige vers le déclenchement de l'instinct génésique (en B). Chemin faisant, sa ligne directrice est brisée par les reviviscences héréditaires du moi (en C). Sous l'influence de cette rupture, ces reviviscences, e, f, g, h, l, m, s'éparpillent, en dehors de la ligne du soi et concentriquement à elle, pour rencontrer, en d', e', f', g', h', l', m', l'instinct génésique, qui les modèle. Cette zone d'éparpillement, de rencontres et de modelage n'est autre que le domaine attribué à l'Inconscient.

SCHÉMA DU PRÉTENDU « INCONSCIENT »

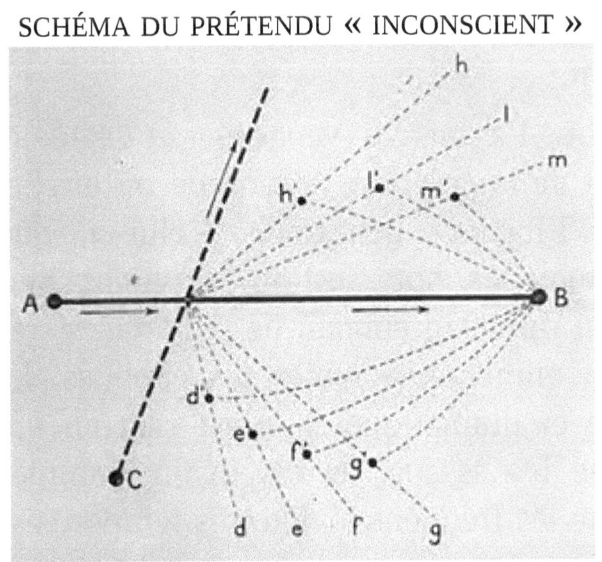

Légende

A — *Impulsion créatrice du soi*

B — *Déclenchement de l'instinct génésique*

C — *Déviation par les reviviscences héréditaires du moi*

d.e.f.g.h.l.m — *Projection, dans la personnalité, d'hérédismes et de fragments d'hérédisme*

d'.e'.f'.g'.h'.l'.m' — *Leurs rencontres avec les effluves de l'instinct génésique dans la zone faussement qualifiée d'« inconscience ».*

Mais il importe de serrer de près les diverses phases de ces actions et réactions, jusqu'à présent mal étudiées et dont l'ignorance a puissamment servi la thèse fallacieuse de l'Inconscient.

Le soi, nous l'avons vu, veut créer et décide de créer. Or l'instrument de la création, corporelle ou intellectuelle, est dans l'être l'instinct génésique. Celui-ci, que j'appelle encore le mauvais hôte, est un serviteur imparfait, qui regimbe, qui ruse, qui connaît de redoutables révoltes. Ces révoltes ont alimenté, à toutes les époques, la littérature romanesque et dramatique. Il n'est rien en effet de plus tragique que les assauts de cet instinct animal contre la raison et que les fréquentes victoires remportées par lui sur la raison. La théologie catholique seule a su traiter la question dans toute son ampleur et avec une richesse d'arguments qui ne saurait être dépassée. Je n'en dirai pas autant de la psychologie et de la clinique cérébro-nerveuse de ces vingt-cinq dernières années, qui ont écrasé le sujet sous un fatras d'observations arrêtées à mi-chemin, comme si elles en redoutaient l'aboutissement moral. C'est qu'en effet l'homicide doctrine matérialiste enseigne qu'il faut vénérer ses entraînements et ses passions, alors qu'une étude sommaire du mauvais hôte nous place devant la nécessité de les refréner. L'initiative créatrice du soi est saine et raisonnable. L'instinct génésique, abandonné à lui-même, est destructeur.

Mais il est destructeur d'une façon particulière et qui le rend particulièrement dangereux. Il détruit en modelant les figures héréditaires du moi, ou en leur donnant une importance et des dimensions exagérées par l'autofécondation ; puis en éparpillant ces images qui flottent alors, informes débris, à la périphérie de la conscience, qu'elles empoisonnent. C'est pourquoi, toujours comme dans l'intoxication chronique, les premières atteintes de l'amour sensuel procurent une impression d'euphorie, de délices, d'augmentation de la force vitale. Puis ce troupeau de figures enchanteresses, empruntées à notre bagage congénital, va grimaçant et s'enlaidissant, suscite peu à peu en nous toutes les tortures de la jalousie, de l'inassouvissement, de l'angoisse accumulée au cours des générations — *angor avi* — pour aboutir, si notre soi ne réagit pas vivement, à la pire douleur et à la mort. Ce que les révélateurs de l'Inconscient ont découvert et décrit, sous le nom d'automatisme, n'est que le dénudement, par l'instinct génésique, des rouages moteurs de l'organisme, lesquels, privés de la direction du soi, fonctionnent désormais à vide et machinalement. Ces rouages ne sont pas, à proprement parler, en dehors de la conscience, puisque la conscience pourrait les ressaisir, dans un sursaut de farouche énergie ou dans une lente application consécutive de la volonté. Mais ils donnent en effet l'illusion d'appartenir à l'inconscience, par leur éloignement et la quasi obscurité où ils fonctionnent.

Comment et pourquoi l'instinct génésique s'en prend-il aux figures héréditaires du moi — souvenirs, penchants, présences, aspirations vagues, etc. — et les modèle-t-il, de la même façon que le verrier souffle sa pâte lumineuse en toute sorte de formes brillantes et fragiles, qu'il brisera ensuite par excès d'insufflation. D'abord parce que cet instinct cherchant sa proie, *quœrens qaem devoret,* saisit ce qu'il trouve à travers le champ de la conscience. Ensuite parce qu'une affinité profonde existe entre l'instrument de la continuité génésique et les éléments hérités de cette continuité. On peut dire, dans une brève formule, que le désir happe les hérédismes. J'ai donné autrefois, comme épigraphe à un de mes romans la formule suivante : « La passion fait sourdre la race ». C'est la même idée, sous une autre forme.

On comprend ainsi le caractère impétueux et dominateur de l'instinct génésique, quand il se déchaîne à travers la personnalité. Il s'appuie, dans un seul individu, sur plusieurs générations et il s'incorpore les forces explosives, les images accumulées de cent cinquante, deux cents années. Car les reviviscences héréditaires ne s'atténuent qu'avec une extrême lenteur et conservent leur virulence plus longtemps encore que les bacilles et spirilles les plus tenaces. On imagine les ravages causés par de telles incursions et une telle frénésie d'insufflation et de modelage. Oreste n'est jamais en proie qu'aux furies intérieures ; mais ces furies sont dévastatrices.

La soudaineté, la multiplicité de ces gonflements, puis de ces ruptures des figures du moi par l'instinct génésique, la vitesse dont sont animés les fragments — véritables bolides de la conscience — ont permis d'échafauder la théorie de l'Inconscient. Cependant ses adeptes eux-mêmes, en analysant les phénomènes prétendus inconscients, donnent un démenti à leur thèse, attendu que des phénomènes réellement inconscients échapperaient à toute analyse. Ils seraient pour notre esprit comme le néant. Au lieu que l'expérience personnelle nous atteste que ce que nous croyons ignoré de la conscience est tantôt simplement oublié par elle, tantôt perçu fugitivement, tantôt mis de côté grâce à un subtil travail de l'hypocrisie intellectuelle. Je ne puis admettre l'Inconscient tel qu'on nous le fabrique, mais j'admets que l'instinct génésique se donne à lui-même la fréquente comédie de l'inconscience. En tout cas, la conscience a possibilité de prise et de surveillance sur toute l'étendue et toutes les ramifications de la personnalité. C'est une simple question d'entraînement. L'homme est d'autant plus digne de ce nom que cette prise et cette surveillance sont plus complètes, qu'il est à lui-même un juge plus clairvoyant et plus sévère.

Hartmann et ses émules ont avidement et puérilement recherché l'inconscience à travers la nature. Or, l'homme est un fabricateur de conscient. Son éminente dignité vient précisément de son aptitude à « conscienciser » la nature et à l'humaniser. Il s'agit donc pour lui de perfectionner sans cesse sa connaissance du moi et du soi et sa maîtrise du soi, non de les affaiblir. À la formule, excellente mais insuffisante, « Connais-toi toi-même », je substitue celle-ci : « Agis ton soi ».

L'introspection a été, à travers les âges, le privilège d'un petit nombre de personnes. Quelques-unes sont arrivées à noter, du promontoire le plus avancé de la conscience, ce gonflement, puis cet éclatement des éléments héréditaires du moi sous l'influence de l'instinct génésique. J'ai déjà cité le Hamlet de Shakespeare. L'amour, d'ailleurs fugitif, que le prince danois éprouve pour Ophélie éveille, modèle, puis éparpille en lui tout un cortège de figures sentimentales ou burlesques. Mais c'est dans la musique et chez le plus passionné des musiciens, chez Beethoven, que nous trouvons, magnifiée et rythmée, la plus grande somme de ce prétendu inconscient, transmis, par son génie, à notre conscience. Comme Shakespeare, comme Balzac,

Beethoven se délivrait de ses hérédismes, mais dans la zone d'appel du désir, au moment où ceux-ci, comparables à des nébuleuses sonores, vont s'éparpillant en une poussière d'harmonies, que colorent la joie, la mélancolie, le regret, le désespoir, le remords, l'espérance et la désillusion. Écoutez la sonate pathétique ou l'Appassionnata, la Symphonie Héroïque ou celle en ut mineur, en vous reportant au schéma précédent. Vous saisirez, avec un peu d'attention : 1° l'appel initial du soi, large, solennel, plein de force et de liberté ; 2° l'éveil du désir génésique, mis en mouvement presque aussitôt ; 3° la pluie des souvenirs, aspirations vagues, présences, tournures d'esprit, etc., venus de la lignée beethovenienne ; 4° leur saisie par le désir de cet homme sublime ; 5° leur agrandissement et leur modelage ; 6° leur éclatement et leur disparition dans ce noir du son qu'est le silence. Quand vous aurez recommencé une demi-douzaine de fois cet exercice, votre oreille habituée reconnaîtra et distinguera ces diverses phrases du second acte du drame intérieur avec une grande aisance. Vous comprendrez alors qu'Inconscient signifie en réalité ignorance ou paresse. Le flambeau de la raison peut tout éclairer.

Beethoven est, à ce point de vue, un excellent objet d'étude, vu que les opérations ci-dessus décrites se présentent chez lui à l'état pur, sans la complexité supplémentaire qu'ajoutent au problème l'emploi des mots, ou le choix d'un sujet littéraire ou dramatique. L'éternel motif des créations de Beethoven, c'est le drame intérieur, la lutte du moi et du soi. Il l'a fixée pour la suite des siècles, cette lutte, en une série de tables sonores qui ne sera peut-être jamais égalée, avec une puissance et une surabondance auprès desquelles tout ce qu'on peut écrire, sur le même sujet, semble étriqué et mesquin.

Chez Rembrandt, le soi nous apparaît, nous éblouit, dans la qualité de la lumière et dans la composition ; le désir dans la vigueur du trait ; le façonnement, puis l'éclatement des personnages intérieurs, sous le choc de l'instinct génésique, dans l'originalité des figures et des décors. Mettez-vous en face de *la Ronde de nuit*, des *Syndics des Drapiers*, de cette eau-forte dramatique qu'est *la Résurrection de Lazare*. L'élan créateur est le même et vous remarquez, dans ces trois chefs-d'œuvre, peints sur la toile, ou mordus sur le cuivre, le même procédé de libération du moi par la projection de figures du même type. Ces figures-là étaient en Rembrandt, même alors qu'il les retouchait et complétait par quelques observations de l'ambiance. Elles étaient tellement en lui que, détachées, isolées, elles seraient reconnues et saluées aussitôt par le plus faible connaisseur du maître. Quant au tonus du vouloir — en dépit des vicissitudes de la biographie — il est d'une qualité souveraine, brillant et soutenu sans une défaillance, ne laissant rien au hasard, disposant les perspectives, allumant les regards, animant les mouvements avec une précision, une sérénité héroïques. Couronnant le tout, un équilibre sage fait de chacune de ces créations une haute leçon artistique et morale et comme une ouverture sur l'au-delà.

Le dernier terme de la raison humaine, c'est le miracle, c'est-à-dire la reconnaissance et l'acceptation de cela seul qui la domine, puisqu'elle en est l'aboutissement. L'atmosphère miraculeuse est en Rembrandt, comme peut-être chez aucun mortel, sauf Pascal. De là le sentiment de paix planante qui flotte autour des *Pèlerins d'Emmaüs*, une paix qui repose sur la certitude. Toute cette œuvre du grand Hollandais est inspirée, baignée de miracle, proportionnellement à son intense réalisme. Puisque, si la raison est la serrure de la vie, il faut bien que le miracle en soit la clé.

Je n'hésite pas à mettre sur le même plan qu'une sonate de Beethoven, ou une toile ou une estampe de Rembrandt, pour la lumière qu'il projette sur le prétendu Inconscient, *l'Égoïste*, de George Meredith. Dans cette étude des profondeurs de la conscience — unique en son genre — le gonflement systématique des éléments héréditaires, qui est ce que l'auteur entend par égoïsme, et leur rupture suivie d'éparpillement, sous l'influence du désir, sont décrits avec une minutie et une précision d'histologîste. En se reportant à notre analyse du soi et du moi, la trame du caractère de Willougby, le personnage principal, devient très simple et aisée à comprendre. Mais Meredith a mis sa coquetterie à offrir, sous les espèces d'un simple roman, un traité complet de la personnalité humaine, qui est en même temps une critique aiguë du poncif de l'Inconscient ; ce qui fait que cet ouvrage magistral n'a pas encore obtenu aujourd'hui la fortune glorieuse à laquelle il a droit. *L'Égoïste* est une bombe philosophique et littéraire, qui n'a pas encore éclaté. Par sa forme insolite et son aspect rébarbatif, il continue à intriguer les badauds de l'élite, dans le champ des lettres anglaises.

Je vois d'ici les doctrinaires de l'Inconscient qui s'avancent vers moi en poussant de grands cris : « Et le somnambulisme… et l'automatisme ambulatoire… et les dédoublements ou détriplements de la personnalité… et tous les phénomènes subconscients ?… » Je sais, je connais. J'ai assisté aux séances de la Salpêtrière, où Charcot et ses élèves obtenaient de très bonne foi, des prétendues hystériques, une succession de symptômes demi-artificiels, conformes aux théories du grand clinicien. J'ai entendu le récit de l'homme qui s'était réveillé sur le pont de Brest, après un voyage dont il n'avait plus la moindre notion dans l'esprit, et la confession de la femme qu'avait désengourdie, après un sommeil de trois années, le bruit de la chute d'eau. Je ne nie pas que certaines parties de l'esprit puissent dormir, pendant que d'autres, appelées au mouvement, demeurent éveillées. Je ne m'insurge pas contre le terme de subconscient, ni contre aucun autre terme qui signifie une diminution ou altération de notre essentielle faculté ; encore que, selon moi, ces diminutions, ou ces altérations portent beaucoup plus sur la volonté que sur la conscience proprement dite, et relèvent surtout de l'oubli ou de l'aboulie. Mais je nie l'Inconscient métaphysique et psychologique, en tant qu'explication générale de l'inconnu ou du peu connu de l'être normal et sain ; et j'insiste sur l'explication de tant de symptômes mal interprétés par la rencontre de l'instinct génésique et des figures héréditaires intérieures, par les épisodes de cette rencontre.

Toute marotte, principalement scientifique ou philosophique, est détestable. Je suis arrivé à concevoir que les choses se passaient comme je les expose. Pensant que cette explication est au point, je la fais connaître. S'il en est une autre meilleure, et qui contredise la mienne formellement, je l'accueillerai avec reconnaissance. Un travail, tel que celui que j'ai entrepris ici, est fait pour ouvrir les discussions, non pour les clore, pour provoquer les recherches originales, non pour les étouffer. Rien de plus odieux que les pontifes de Faculté, quand ils entendent nous imposer leurs vues étroites. J'ai souffert d'eux, je ne les imiterai point.

Qu'on ne s'y trompe pas, le succès de la doctrine de l'Inconscient est né de la fortune singulière qui fut, il y a un quart de siècle, celle de la thèse de l'irresponsabilité morale. Comment juger, réprimer ou punir ce qui était soustrait à la connaissance, ce qui se passait dans le domaine mystérieux, inconnu, déifié en quelque sorte par Hartmann et ses successeurs. Si une grande partie de l'homme échappait à l'homme, il fallait reviser, avec l'ancienne règle de la raison, la législation fondée sur cette règle. Du même coup, le domaine de l'intelligible apparaissait diminué et comme rabougri, en face du champ immense qui nous échappait au dedans de nous-même, de cette jungle impénétrable et de ces insondables abîmes. Ces clartés, que perdait la sagesse traditionnelle, nous allions les demander désormais au sensible, notamment à l'intuitivisme, faculté mystérieuse, inanalysable, prééminente, qui devenait le tarte-à-la-crème de la philosophie renouvelée.

Or, si j'examine les divers compartiments de ce qu'on appelle l'Inconscient, je découvre dans chacun d'eux :

1° Un principe moteur, dynamique, qui est, selon moi, l'instinct génésique ;

2° Un automatisme, qui n'est lui-même qu'une accumulation de mouvements et de possibilités de mouvements héréditaires, déclenchés par ce principe dynamique ;

3° Des dessins et enchevêtrements, compliqués sans doute, non inextricables, résultant de la combinaison des débris héréditaires explosés au sein du moi. Ceci soit dit notamment pour le vertige ambulatoire, ou les interventions inattendues d'un lointain passé dans le présent.

Examinons ces différents points, sans recourir à l'intuitivisme, ni à rien de semblable, mais à la lumière de l'entendement.

1° L'instinct génésique est, avec la volonté de vivre, le grand principe dynamique de l'individu, celui qui assure la continuité de la race.

Son domaine est encore plus étendu qu'on ne le croit généralement. Il peut être l'instrument de l'initiative créatrice, elle-même partie intégrante du soi. Il accumule de la force dans la veille comme dans le sommeil, et il la dépense soudain, soit qu'il la mette au service de la procréation, soit qu'il l'utilise pour le modelage et la libération des formes héréditaires du moi. Balzac et d'autres ont remarqué que la création littéraire ou artistique était augmentée par la chasteté, diminuée par son contraire. Cela se comprend. Ce qui est dépensé dans l'amour et la fécondation véritable n'est pas employé à la libération des hérédismes, ni à l'autofécondation. Inversement, ce qui concourt à la libération littéraire, artistique, scientifique, politique des hérédismes est autant de pris sur la dépense amoureuse. C'est une application du dicton populaire : on ne peut être partout à la fois.

Il est des opérations prétendues inconscientes, en particulier des opérations mentales de calcul ou de déduction, dans lesquelles l'instinct génésique peut être masqué. J'affirme qu'il est à leur origine et qu'un interrogatoire serré du sujet permettrait de le découvrir. On sait pourquoi le paon fait la roue et pourquoi le rossignol s'égosille. Au fond de n'importe quel tour de force physique ou cérébral, se trouve la puissance ardente et propulsive qui commande l'espèce et revêt tous les déguisements. Continuer, durer, c'est le cri vital. Aussi avec quelle avidité cette puissance génésique se jette sur le moi héréditaire et fait sa pâture des qualités comme des défauts, comme des modalités physiologiques, comme des principes de mouvement transmis ! L'affinité est d'une violence extrême entre ce qui a déjà vécu et ce qui tend à faire naître et renaître, entre les éléments du passé et la force qui commande l'avenir. Je dirai volontiers de l'instinct génésique qu'il fait le saccage des hérédismes, en voulant les assimiler et les modeler. C'est l'avare devenu prodigue, qui dépense inconsidérément ses trésors.

2° Le type du mouvement automatique, c'est le réflexe. Je vois en lui un hérédo-mouvement, augmenté ou diminué par l'influx vital, par la sensibilité génésique. C'est l'acte ancien, transmis de génération en génération, dont l'usage a raccourci le trajet, entre l'incitation et la détente. Il est aussi des pensées réflexes, des images réflexes, perçues dès leur éclosion dans l'esprit, qui tiennent à la facilité héréditaire et font le poète, l'orateur né. Chez le prince, qui a reçu de ses ancêtres le don et la vision politiques, le sens des nécessités de l'État acquiert l'acuité et la soudaineté d'un réflexe. Mais peut-on parler ici d'inconscience, alors qu'il s'agit tout au contraire de phénomènes d'hyperconscience, d'ellipses, de raccourcis de conscience, et comme d'une réflexion au second degré ?

3° Les enchevêtrements et les figures, par combinaisons de débris héréditaires, sont d'une variété infinie. On peut y ranger les pressentiments, les sympathies et les antipathies, — du coup de foudre à la haine subite, — et ces attractions qui résultent de la rencontre, entre deux agencements analogues, des hérédismes de deux moi. Il n'est aucune des modalités, des formes capricieuses du prétendu Inconscient, qui ne puisse s'expliquer par une semblable pluie d'éclats héréditaires, qu'accompagne l'obcurcissement du soi.

L'observation et l'expérience auraient déjà du mettre sur cette voie les doctrinaires de l'Inconscient, attendu que ces manifestations, plus ou moins mystérieuses et singulières, se remarquent surtout chez les hérédos. Il était donc à présumer qu'une relation existait entre de tels phénomènes et la surcharge héréditaire, ou prédominance du moi sur le soi. L'absence de gouvernement intérieur favorise en nous l'automate. Notre meilleure chance de libération, musculaire, sensible, mentale, est dans l'exercice et l'application de la raison volontaire. Il n'est pas de plus grande erreur que de respecter en nous les demi-ténèbres.

Mais qu'y a t-il au fond de l'instinct génésique, ou plutôt comment percevons-nous cet instinct, quand il n'est ni dissimulé, ni déguisé ? La question est d'importance, attendu que sa réponse permettra de distinguer ensuite ce qui relève, ou non, du grand déformateur de l'être intime.

Le désir est perçu comme la faim ou la soif, d'une façon encore plus indéterminée et pénétrante. Il consiste essentiellement dans une aura, dans une vapeur grisante, accompagnée de tension cardiaque et d'une sensation de chaleur, qui nous masque les opérations du soi. Celui qui subit cette aura s'appartient mal et d'ailleurs il cherche à oublier tout ce qui n'est pas l'objet immédiat de sa concupiscence. Cependant une frange de raison, qui n'abandonne jamais l'être humain, lui permet de distinguer quelque chose comme un écoulement rapide d'images, les unes accélérantes, les autres contrariantes, qui gravitent au fond de sa conscience, s'enflent et crèvent à la façon de bulles de savon. Nous savons ce que sont ces images et de quel héritage elles témoignent. Leur émouvante rupture, leur disparition se succédant au sein d'une durée très courte, inspirent au désirant l'idée de la mort, comme compagne de son voluptueux plaisir. Il ne faut pas chercher ailleurs l'explication de ce phénomène psychologique constaté par tous les poètes, qui associe le désir amoureux à la mort. C'est l'éparpillement des fantômes intérieurs qui inspire au spectateur-acteur du moi en désir ces pensées ardemment funèbres.

Tandis que se joue cet acte si fréquent du drame intérieur, le soi demeure presque complètement masqué par la vapeur ou aura du désir. Mais qu'il se fasse jour dans le tonus du vouloir, ou dans une partie de l'équilibre sage, et aussitôt le désir tombe et se dissipe, ainsi que la brume au premier rayon du soleil. C'est une expérience que chacun peut faire et qui nous prouve avec quelle facilité nous pourrions, si nous le voulions, combattre et vaincre nos désirs en apparence les plus irrésistibles. La simple nature s'en charge quelquefois. Tel qui se croyait esclave assiste brusquement, avec bonheur, à la rupture presque spontanée de ses fers.

J'avais un ami médecin — appelons-le Fabien — laborieux, d'une grande force morale, mais d'un tempérament de feu. Son malheur voulut qu'il s'éprît d'une femme belle et séduisante, parfaitement indigne de lui. Il en perdait le boire et le manger. La possession, éveillant en lui la jalousie et déchaînant les hérédismes qu'il ne libérait plus dans son travail, acheva de le martyriser. Cela dura deux ans. Je commençais à craindre que cette belle intelligence ne sombrât dans une passion si absorbante et orageuse, quand un jour Fabien tomba chez moi à huit heures du matin. Je somnolais encore. Il me dit :

« C'est fait, je suis guéri.

— Guéri de quoi ?

— De mon amour pour — ici le nom de la femme. — J'en suis certain, je suis délivré. Ah ! saperlotte, je l'ai échappé belle ! »

Sa mine, son aspect étaient tels que d'un prisonnier évadé. Il riait. Il eût presque dansé. Je n'en revenais pas. Je lui demandai :

« Comment cela s'est-il passé ?

— Oh de la façon la plus simple du monde. Depuis deux ans j'étais fou, avec un tout petit coin de lucidité, que je te dissimulais soigneusement, de peur que tu ne le bouches, en essayant de l'agrandir. C'est ce filet de lumière qui m'a sauvé. J'ai pris l'habitude de me représenter nettement, clairement, d'abord cinq minutes par jour, puis avec plus de fréquence :

1° La déchéance et la ruine qui me menaçaient.

2° La douleur de ma rupture, si jamais je parvenais à l'accomplir… Cet entraînement méthodique m'a énormément coûté pendant six semaines. Ensuite, je ne pouvais plus me passer de cette gymnastique morale, au bout de laquelle m'apparaissait la délivrance. Celle-ci m'est venue tout d'un coup : vlan ! Je me suis réveillé libre, comprends-tu cela, libre, avec la sensation d'un homme qui vient d'échapper à la noyade !... Il ne reste plus qu'à régler le dispositif des adieux, que je désire décents. C'est pour cela que je suis ici. »

Fabien disait vrai. Il se maria quelques mois plus tard avec une délicieuse jeune fille et mena désormais une vie normale, tranquille et heureuse. Il avait découvert tout seul le remède héroïque à son asservissement, qui est le réveil méthodique du soi.

Le désir de l'argent et des honneurs, le désir ambitieux, si tenace chez certains, sont sujets à des caprices, à des hauts et bas, à des chutes brusques du même ordre. Il suffit que la raison, libre en face du soi dépouillé de la confusion héréditaire, lui représente fortement pendant une minute, la vanité de ces appétits. Car le désir, quel que soit son objet, relève toujours de l'instinct génésique, pur, ou à l'état de mélange et de dissimulation ; et l'instinct génésique ne cesse jamais d'agir sur les hérédismes, dans les deux sens indiqués plus haut.

La justesse et la vérité d'une thèse philosophique ou scientifique sont d'autant plus probables que cette thèse donne la clé d'un plus grand nombre de faits d'observation ; car il est clair qu'on n'arrive jamais, dans ce domaine, à une certitude mathématique. Or la plupart des perversions sexuelles — pour l'étude desquelles je renvoie aux traités spéciaux — ont pour origine une présence héréditaire, ou un souvenir hérité, ou un hérédisme quelconque, happé et fixé par un gonflement de l'instinct génésique. Chacun de ces malades, s'il est interrogé méthodiquement et habilement, retrouvera dans sa mémoire les circonstances où telle image, qui est devenue la substance et la trame de son obsession, est tombée dans son appétit sexuel, et passée ainsi sournoisement à l'état de hantise. Combien de médecins, même spécialistes, combien de philosophes n'avons-nous pas vus donner à ces obsessions une origine inconsciente et subconsciente, donc incurable, alors que la simple observation aurait dû les mettre sur la voie de leur lourde erreur.

Sans doute, l'être humain est moralement fragile, notamment aux tournants climatériques et critiques, où pleuvent surtout en lui les fantômes héréditaires. Sans doute, la rencontre d'une de ces figures — animées ou inanimées — et de l'instinct génésique, grand fabricateur de réflexes et d'automatismes, peut lui infliger, dans l'adolescence, ou l'âge mûr, ou au penchant de la vieillesse, une habitude vicieuse, susceptible de ronger et de détruire son existence, une tare extraordinairement tenace. Mais si la cause de tels accidents, trop souvent funestes, est bien celle que j'indique ici — et j'ai tout lieu de croire qu'il en est ainsi — le traitement moral approprié est possible et la guérison, plus ou moins lointaine, est certaine.

Mes lecteurs peuvent ainsi se rendre compte que je ne sépare point l'examen critique des profondeurs de la personnalité humaine de l'intervention thérapeutique dans les troubles de cette personnalité, que je ne sépare point l'interprétation doctrinaire de l'action. Ce sera tout le mérite de ce petit livre que d'apprendre à ne pas subir des diminutions ou des maux, qui peuvent et doivent être combattus. Après avoir regardé, étudié les hérédismes, leurs passages, leur emprise en nous, le mécanisme de l'automate auquel ils semblent parfois nous réduire, regardons, étudions les moyens de leur échapper et de nous reconquérir. Regardons, étudions ces deux forces connexes : l'attention et la volonté. Apprenons à ranimer notre soi défaillant, à le refaire, à l'utiliser. Apprenons à sortir de la passivité et à mépriser le fatalisme. Ce ne sont pas là des mots. Ce sont des réalités vivantes et saignantes.

Les rencontres fâcheuses de l'instinct génésique et des hérédismes, les troubles graves qui en résultent, sont trop connus, ont désolé trop d'existences et de familles pour qu'il soit besoin d'insister et de fournir des exemples. Ceux-ci foisonnent dans tous les milieux. Ils alimentent les faits divers, aussi bien que la chronique scandaleuse. Les trois quarts des suicides prétendus mystérieux n'ont pas une autre origine.

Vous connaissez la vieille objection : mais comment vous appuyerez-vous sur la volonté, alors que, dans la majorité de ces cas de dépravation, c'est la volonté elle-même qui est malade. Or, nous avons appris que le tonus du vouloir échappe aux hérédismes. Il peut être rouillé par le manque d'exercice et par l'oubli. Il ne peut être ni anéanti, ni brisé, ni rendu impropre à l'usage. Ce qui le fait croire abusivement, c'est que la raison est, dans le même temps, obscurcie par les vapeurs de l'instinct génésique et les suffusions de l'hérédité. Reportons-nous à notre schéma. Le traitement de tant d'altérations morbides, dont nous connaissons maintenant la cause, consistera donc :

1º À éclairer méthodiquement le jugement, en développant l'introspection du soi, et à susciter celui-ci, en refrénant les images et reviviscences louches du moi ;

2º À ranimer le tonus du vouloir par la vision claire du but à atteindre, de la santé morale à reconquérir :

3º À chercher une diversion puissante dans l'impulsion créatrice, artistique, littéraire, scientifique, politique, en vue de l'équilibre sage.

Nous examinerons plus tard les moyens d'atteindre ce triple résultat, de retrouver la règle de vie avec la paix de la conscience.

Mais, dès maintenant, on se rend compte de la nocivité de la doctrine philosophique, au rebours de la nôtre, qui porte le nom d'Inconscient et des dérivés psychologiques et médicaux de cette doctrine. Elle agit à la façon d'un poison paralysant. Elle substitue le réflexe au mouvement, l'automatisme à la volonté, en déchaînant l'instinct génésique. Elle obscurcit l'intelligence et favorise l'ignorance de notre véritable personnalité. Elle doit être considérée comme un fléau.

CHAPITRE V

LE DEUXIÈME ACTE DU DRAME INTÉRIEUR
(*Suite*)
LE MODELAGE DES ÉLÉMENTS DU MOI :
LA TYPIFICATION ET SES LIMITES

Le modelage et le gonflement des éléments héréditaires du moi par l'instinct génésique constituent le second acte du drame intérieur. La plupart des protagonistes psychiques n'ont pas d'autre origine, qu'ils demeurent latents à l'intérieur de notre moi, ou qu'ils soient éliminés et manifestés au dehors par l'impulsion créatrice sous toutes ses formes. Ainsi notre personnage habituel est, comme disait Galton, un portrait composite, formé d'une superposition de silhouettes diverses ; ou, mieux encore, il ressemble à une scène de théâtre, occupée successivement ou simultanément par des acteurs quelquefois opposés. De même que l'estomac digère et que le foie fabrique de la bile et du sucre, de même l'instinct génésique typifie. Chez l'homme ordinaire, cette typification s'opère dans la pénombre et d'une façon plutôt diffuse et incomplète. Chez le grand artiste, l'écrivain, le politique de premier plan, elle aboutit à ces chefs-d'œuvre qui spécialisent et magnifient la nature humaine.

C'est parce qu'ils stimulent au début l'instinct génésique — avant de l'engourdir ou de le détruire — que le vin, l'alcool, l'opium poussent, eux aussi, à la typification intérieure. C'est par l'intermédiaire de l'instinct génésique qu'ils agissent. Les excitations de tous genres et les hallucinations qu'ils procurent sont des typifications paroxystiques, remplissant toute l'étendue, toute la scène du moi, alors qu'à l'état normal et habituel, elles se contentent d'y jouer un rôle. Inversement, la typification intérieure est quelque chose comme une hallucination atténuée. Elle fonctionne souvent à notre insu, dans un repli de la conscience, d'où une émotion la fait sortir, en l'intensifiant plus ou moins.

À tous ceux que la question intéresse, je recommande la lecture attentive des *Confessions d'un mangeur d'opium* de Quincey. Cet auteur est un des plus sincères de tous les pays et de tous les temps. Sa déposition auto-biographique est d'autant plus intéressante qu'il n'a pas du tout conçu le mécanisme que je viens d'indiquer et que l'éveil des hérédismes, sous le fouet de l'instinct génésique, lui est complètement inconnu. L'initium est le désir que lui inspire une petite passante d'Oxford Street, nommée Anne. C'est ce désir, exalté par l'usage de l'opium, qui animera désormais, et pendant des années, les personnages intérieurs, les protagonistes psychiques de l'ascendance de Quincey et les gonflera en une multitude de figures, auxquelles il prêtera les traits des badauds rencontrés par lui à travers la ville de Londres, au cours de sa quête angoissée. Il est encore question, à un moment donné, dans ce livre si impressionnant, d'un Malais errant, accueilli un matin par l'auteur, gratifié d'un pain d'opium, puis renvoyé, le tout en présence d'une jolie et gracieuse servante, dont on note le charme pénétrant, mais sur laquelle on n'insiste pas. Par la suite, ce Malais revêt toutes sortes de formes terrifiantes dans l'imagination de Quincey. Cette histoire s'explique ainsi : 1° le charme de la servante fixe, dans le moi de Quincey, l'image du Malais, en même temps qu'elle suscite et typifie une foule d'hérédismes du même Quincey ; 2° ces hérédismes, empruntés à des savants, à des navigateurs, à des artisans, à des hommes de pensée et d'action de l'ascendance de Quincey, suivent les saccades d'un instinct génésique, que stimule périodiquement l'usage de l'opium. C'est la période des rêveries pittoresques, où le Malais revêt successivement l'habitude et les allures mentales de tous les ascendants en mouvement de Quincey. 3° L'intoxication, en s'aggravant, engourdit l'instinct génésique, lequel n'accomplissant plus qu'imparfaitement son rôle, parsème et obstrue le moi quinceyen d'ébauches et de débris héréditaires. Il s'ensuit un sentiment douloureux, puis désespéré, de menace, d'effritement et de mort, une prédominance de ces débris automatiques, de ces réflexes de pensée qu'une psychologie défectueuse qualifie d'inconscients. Ce sont les *Suspiria de profundis*.

Un autre exemple très caractéristique est fourni par Edgar Poe, dont les habitudes d'intempérance sont connues.

Edgar Poe, tel qu'on doit le juger d'après son œuvre, possédait un remarquable soi. Sous la trame resplendissante et capricieuse de ses projections hérédolittéraires, apparaît un sens de l'équilibre sage, qui ne fut jamais altéré. Peu d'humains manifestèrent au même degré cette conscience de l'unité dominant la diversité et des hiérarchies intellectuelles, morales, sociales, qui se remarque dans ses dialogues philosophiques — *Monos et Una*, par exemple — et dans quelques-unes de ses poésies et qui, nous l'avons vu, est un des signes de la prédominance du soi. L'obsession du passé, qui constitue la trame du *Corbeau* et de *Ulalume*, témoigne d'un moi en rumeur, perpétuellement parcouru, hérissé de reviviscences, de protagonistes, puis brusquement repris et dominé par le besoin de l'introspection lucide. Cependant l'ivresse chronique exaltait puis déprimait chez lui l'instinct génésique, lequel de son côté poussait à la typification, à des résurrections successives de braves, de poltrons, de menteurs, de prodigues, de verbaux, de sarcastiques, de mélancoliques, empruntés à la lignée familiale. D'où un état de malaise et même d'angoisse, qui inspire au poète des accents étrangement pathétiques. Plus il se délivrait de ses fantômes, plus il en suscitait, en gonflait, en brisait, en éparpillait d'autres, plus il augmentait en lui l'automatisme. La lutte de cet automatisme et du soi est une des plus hautes tragédies de l'esprit humain, dans la même ligne que

Hamlet, encore plus raffinée et plus aiguë, par la belle défense centrale de cette raison de Poe, résistante et masquée.

Le cas d'Alfred de Musset est analogue. On trouvera une analyse complète de la psychologie de l'auteur des *Nuits* dans ce chef-d'œuvre incomparable d'analyse critique que sont les *Amants de Venise,* de Charles Maurras. Pendant des années et des années, Mme Sand a régné sur le désir de Musset. Elle-même était une fameuse hérédo, si l'on en juge par le contraste entre sa facilité littéraire et la pauvreté de son jugement. Au lieu que, chez Alfred de Musset, un imperturbable bon sens résiste jusqu'au bout à tous les emportements, à toutes les typifications troubles du moi. Ce bon sens est apparent dans maints poèmes, surtout dans ces pièces merveilleuses où l'auteur de *Barberine,* des *Caprices de Marianne* et de *Lorenzaccio* se libère harmonieusement de ses obsédants protagonistes. Il est un de ceux chez qui l'art dramatique dérive le plus visiblement d'un besoin d'élimination psychique. Les voix de ses héros, de ses héroïnes ont l'accent nettement héréditaire, cette prolongation, cet écho voluptueux qui ne trompe pas une oreille exercée, et où la modulation du désir suscite et rejoint le rythme mélancolique de la reviviscence. Alfred de Musset connaît et sent son soi. Il l'évoque sous les aspects tantôt d'une muse, tantôt d'un remords, d'une nostalgie. Il souffre de ses diminutions, de ses engourdissements. Il chante avec bonheur ses feux renouvelés. Peu d'hommes auront traduit aussi fidèlement que lui l'éternel débat de la personnalité, qui cherche l'essor libre, et des hérédismes, qui veulent la commander. C'est par ce dessous dramatique — animateur de ses drames et comédies, — c'est par ces confrontations intimes qu'il est immortel.

Quincey, Poe, Musset nous permettent de plonger plus avant dans ce phénomène méconnu ou peu connu que j'appelle la typification. C'est, en effet, en opposant les uns aux autres les types créés, à l'aide des hérédismes, par l'instinct génésique dans la zone du moi, que le soi cherche son équilibre. Le soi utilise ainsi, au mieux des intérêts véritables de la personnalité, les contradictions et les contrastes. Le soi est maître d'interférences.

Quels sont ceux d'entre les humains qui n'ont pas éprouvé en eux, à certaines heures, la juxtaposition soudaine, parallèle, déconcertante, d'un volontaire et d'un irrésolu, d'un brave et d'un lâche, d'un chaste et d'un dissolu, d'un optimiste et d'un découragé ? Or il est rare que cette double vision — si elle atteint un certain degré de netteté — n'aboutisse pas au choix le plus moral et par conséquent le plus heureux. Le *video meliora proboque, détériora sequor*, du poète latin peut être considéré comme une exception, tenant à un reste de confusion mentale. Pourquoi cela ? Parce que l'impulsion créatrice du soi franchit, à un moment donné, les hérédismes, dépasse l'instinct génésique, et nous entraîne vers ce pôle positif de l'homme, qui est la domination de lui-même. Il y a là l'embryon d'un moyen de guérison des erreurs et des tares intimes. Deux images de sens contraire, fortement éveillées et typifiées dans notre moi, créeront en nous un de ces silences peuplés, où parle clairement la voix de la sagesse. Tel un savant qui poursuivrait sa recherche utile et bienfaisante, tandis qu'on se bat autour de lui. Tel encore un homme qui ferait oraison au milieu d'une dispute de braillards, dont on distinguerait mal les clameurs. C'est ainsi que, chez des êtres inquiets et tourmentés, chez des hérédos notoires, apparaît tout à coup, étincelante, à l'occasion d'une secousse morale, une lumière de bon sens salvatrice. S'ils la suivaient, ils seraient hors d'affaire. Malheureusement, ils se contentent en général de l'admirer, de murmurer : « Oh comme elle est belle ! »

L'esprit de contradiction, qui se remarque chez tant de gens à hérédité chargée, n'a pas une autre origine. C'est un effort de leur nature profonde, en vue de retrouver la paix et l'équilibre. Leur soi travaille sourdement à les émanciper de leurs fantômes en opposant ceux-ci, les uns aux autres et par paires. Les oscillants donnent de l'agacement à leur entourage, attendu qu'on les voit passer d'une opinion et même d'une conviction à l'opinion et à la conviction contraires, avec une déconcertante facilité. Cependant il n'y a qu'à les laisser faire : ils se cherchent et peut être un jour se trouveront-ils.

Le modèle le plus remarquable de cet état d'esprit fort complexe nous est offert par le philosophe social Proudhon, puits d'erreurs révolutionnaires, au fond duquel brille cependant une lueur vacillante. Ce système de contradictions héréditaires, qui constitue pour Renan une tunique souple et chatoyante, aux mailles nombreuses, devient, chez Proudhon, un corselet aux angles blessants et qui souvent le déchirent. Alors il jette un cri politique ou historique, voire psychologique, de bon aloi. Alors il entrevoit une vérité. Mais bientôt le boisseau retombe, le lourd boisseau de ses ancêtres où dominaient, semble-t-il, des matérialistes chicaniers, prisonniers simultanément d'une vision terre à terre et de leurs arguties juridiques. Pour son infortune, les hérédismes bourgeois, dans ce qu'ils ont de plus mesquin, dominèrent finalement en lui les hérédismes paysans. Il lui a manqué le plein air. Il est dommage que sa bibliothèque n'ait pas été dressée à l'orée d'un bois ou d'un champ.

Nous arrivons ainsi sur un promontoire intéressant de la topographie psychologique de l'individu ; la typification des hérédismes sages et bienfaisants. Nous l'avons déjà dit : la congénitalité peut être un principe de perfectionnement. Dans une profession poursuivie d'âge en âge, les ancêtres bien doués deviennent les collaborateurs du vivant. Ils lui facilitent étrangement sa besogne. Ceci s'explique par le fait que le soi, arbitre de l'équilibre intérieur, admet volontiers les ancêtres sages, même alors que s'est exercée sur eux la typification génésique. Il les admet jusqu'à une certaine limite, qui est celle où sa liberté serait entravée, où même dans le bien, dans la vertu, dans l'héroïsme, il n'aurait plus la possibilité de choisir. L'ancien sage est traité par le soi à la façon d'un hôte privilégié, qu'il ne doit cependant pas laisser empiéter sur la sagesse neuve. Le moindre empiétement se traduit, dans la vie et dans l'art, par ces excès d'une vertu trop rude, d'une rigueur et d'une inflexibilité qui semblent offenser la nature humaine. Le père qui, de ses propres mains, immole son enfant à la cité, agit en hérédo, victime d'une lignée d'aïeux austères. Le maître de soi n'a pas de ces vertus sanglantes.

La formation du caractère nous apparaît ainsi qu'un compromis entre la typification héréditaire génésique et le soi. Ce dernier cherchant à stabiliser ce que la première tend à modifier, transformer et bouleverser continuellement. Nous pouvons maintenant analyser avec plus de sécurité les principaux états de l'esprit humain :

L'optimiste est un homme qui a un soi en pleine activité. Il veut sa liberté intérieure comme il veut sa pondération, et il jouit de l'une et de l'autre. Ce soi, faisant sa part aux éléments hérités du moi, donne la prédominance aux ancêtres heureux et joyeux. Néanmoins, il ne les admet comme types que jusqu'au point où cet optimisme demeure ferme, valeureux et conscient. Il les refrène au moment où cet optimisme, devenu paresseux et passif, verserait dans une acceptation béate de toutes les circonstances, même défavorables, de la vie, et confinerait ainsi au gâtisme. Comment les refrène-t-il ? Par l'acceptation et au besoin par la recherche du risque. Le risque noble est une dépendance et une conséquence de l'impulsion créatrice, comme du tonus du vouloir ; au lieu que le risque vil, parodie du précédent, est une conséquence de mauvais hérédismes. Le risque noble est le sel de la vie intérieure. Je ne parle pas seulement de ces risques qui mettent la fortune, les biens, l'existence en danger. Il en est d'autres d'un ordre plus relevé : tel que celui qui consiste à extirper une de ses propres erreurs, ou à dominer une de ses tares. L'enfant qui aime à sauter d'un lieu élevé, et qui essaie son courage, deviendra un homme apte à se corriger sans faiblesse. Car il n'est pas indifférent de pratiquer l'introspection lucide. Un malaise, même physique, un vertige accompagné d'angoisse précordiale accompagnent souvent la connaissance que l'être prend alors de sa véritable situation hérédoplastique.

Un de mes amis, garçon fort remarquable, d'une trentaine d'années, était affligé d'un vice d'origine génésique et en proie à toutes les affres des hérédos, balancé entre une demi-douzaine de personnages différents, hostiles et contradictoires. Il cherchait et parvenait à étourdir ou plutôt à étouffer un soi demeuré vigilant et intact, dont il concevait à tâtons un certain orgueil. Un jour il arriva que ce soi, traversant les couches héréditaires et bousculant les obstacles psychiques, lui montra, dans un jour cru, son état d'infirmité et de misère. Son angoisse, son vertige, furent tels à ce spectacle qu'il faillit en mourir d'une contraction soudaine du cœur. Mais aussitôt après il guérit totalement et une telle guérison valait le risque encouru pour l'obtenir.

Donc le risque noble fait le départ entre l'optimisme hérité, l'optimisme trouble par typification ancestrale — où intervient l'instinct génésique — et l'optimisme pur par prédominance du soi. Il refrène le premier et renforce le second. Ceci vous explique que les idéalistes, serviteurs d'une grande cause, bien qu'exposés à toutes sortes de vicissitudes, soient généralement de bonne humeur et dominent joyeusement les épreuves. Le risque est là pour les empêcher de choir dans une inertie euphorique, pour les maintenir en activité, pour garantir leur personnage intérieur contre l'invasion d'un trop grand nombre de bons ancêtres allègres.

Le risque noble intervient dans cette libération des hérédismes qu'est la création littéraire, scientifique et artistique. Quand Dante conçoit *la Divine Comédie*, il ne choisit pas seulement un thème général et souverain, il se risque. Il jette au feu de l'improvisation lyrique toutes ses images sublimes, terribles et suaves, fragments elles-mêmes de son hérédité. Ce risque ranime l'impulsion créatrice, refrène l'excès de facilité. D'où l'impression de rudesse, de contraction, d'effort vénérable dans la trouvaille éblouissante, qui se remarque également chez Lucrèce. D'où l'impression vertigineuse qui accompagne les descriptions du *Paradis* et de *l'Enfer*. C'est en lisant ce poème unique que j'ai le mieux compris le rôle du risque et tout ce que le véritable poète expose de lui-même en chantant son âme. Il en est de même de Beethoven, éparpillant ses éléments congénitaux en une multitude de rythmes et de cadences, d'appels et de sonorités, que ressaisit et domine finalement un soi victorieux. On frémit de la prodigalité inouïe avec laquelle il dépense son moi, et de la hardiesse avec laquelle il lance à la vie musicale des débris de fantômes intérieurs, qui finissent par se rejoindre et composer d'harmonieuses figures. Quand Laënnec écrivit *l'Auscultation médiate*, quand Claude Bernard décrivit les effets du curare, quand Duchenne de Boulogne fixa la symptomatologie du tabès, quand Alfred Fournier conçut la syphilis héréditaire tardive, ces quatre savants se risquèrent, afin de se conquérir, et il n'est pas douteux que, dans le même temps, ils conçurent une grande joie de s'être risqués.

C'est en ce sens que le risque noble apparaît comme un frein, comme une limite de la typification intérieure, notamment chez le créateur optimiste.

Le pessimiste ou malheureux est un homme chez qui l'hérédo a pris, et de beaucoup, le pas sur le soi. D'après ce que j'ai dit, au chapitre précédent, de l'instinct génésique et de son appoint à l'idée de mort, tout philosophe de l'Inconscient est prédisposé au pessimisme. Hartmann et ses successeurs en sont la preuve. Ce sont des victimes doubles de l'obscure force sexuelle et des hérédismes qu'elle éparpille. L'automate finit par dominer en eux, appelant à sa suite tous les maux de l'automatisme, dont le pire est l'aveuglement quant à la liberté intérieure. Ils habitent une prison forgée par eux, et ils s'en désolent. Le risque lui-même, vicié par une telle atmosphère et retourné contre le risqueur, se transforme chez eux en appétit du suicide, en aspiration au néant. Il n'est pas de typification plus redoutable.

Le rêveur est un type psychique sur lequel il faut insister, car, s'il s'exprime d'âge en âge par certains poètes ou philosophes, il est fréquent chez les non-intellectuels, qui ne laisseront pas de vestiges écrits. Un nombre considérable d'humains rêvent leur existence au lieu de la conduire et, léguant ce trait à leurs descendants, peuplent notre monde terrestre de puérils, de timides et d'irrésolus. L'inagissant s'appelle légion.

Qu'est-ce que le rêveur. C'est celui chez qui le ressort du soi est détendu, en même temps que l'instinct génésique. Le drame intérieur, dans ses deux premiers actes — éveil, puis modelage des éléments héréditaires — est chez lui réduit au minimum, à un jeu de vapeurs errantes et diffuses. Il se distrait de leurs déplacements, de leurs métamorphoses, déplissements et repliements, comme le fumeur s'amuse des nuées qui sortent de son cigare ou de sa pipe. L'apparence des choses lui suffit, en dehors de toute réalité. Ses jours s'écoulent à combiner des images éparses, indistinctes, dont aucune ne se concrétisera en acte. Il aura même de la répugnance à les fixer. On conçoit combien la guérison d'un semblable trouble de la personnalité est difficile, puisque le point d'appui manque presque complètement, puisqu'il n'y a même pas de résistance, puisque tout conseil raisonné est saisi aussitôt comme aliment pour un nouveau rêve. Le salut est dans l'affirmation, mais comment l'obtenir et comment délimiter, tenir une raison constamment enveloppée de nuages ?

Gérard de Nerval fut un rêveur. Son œuvre délicieuse est une féerie, mais qui rend un son douloureux. Elle est comparable à un écran de cinéma, sur lequel passe l'échevèlement en argent et or de nombreux hérédismes, où dominent le marin, le pasteur et le forestier. Le soi a délégué le risque au-devant de cette invasion, mais le risque se retourne contre lui. La fin tragique de ce grand écrivain fut le résultat logique d'une typification défectueuse. Il y a comme un voile perpétuel entre sa conscience et la réalité.

Autre forme de typification congénitale : le frénétique. Le meilleur exemple en est Goya. L'instinct génésique est très apparent chez cet étourdissant dessinateur, et il opère à découvert, gonflant puis brisant ces hérédismes variés qui remplissent notamment les albums des *Caprices* et des *Horreurs de la guerre*. Alors que Léonard de Vinci, par exemple, — que nous retrouverons dans les victoires du soi — impose son ordre, sa volonté, son équilibre aux lignes et aux mouvements, Goya subit les transes et les secousses de plusieurs fantômes intérieurs, où dominent les cruels et les apitoyés, les cannibales et les chirurgiens, les paysans et les voluptueux. Sa frénésie est celle du cauchemar. Souvent elle lui fait méconnaître les lois de l'équilibre et ses proportions. On connaît son goût marqué pour les écartèlements et les chutes la tête en bas, pour les torsions de corps à contresens. Le rouleau de la vision va si vite chez lui qu'il décompose les gestes et les attitudes, ainsi que dans la photographie instantanée. Souvent l'angoisse de son dessin lui arrache en légende un cri de douleur. Il s'étonne, s'irrite et s'afflige du trait qu'il vient d'imaginer.

La frénésie est intermittente. Autrement elle tuerait son homme. Les apaisements périodiques de Goya se traduisent dans des compositions joyeuses ou suaves, telles que celles des cartons de tapisserie, derrière lesquelles — comme dans *le Pantin* — passe le souvenir du mauvais rêve. Le besoin de se délivrer des fantômes intérieurs est aussi manifeste chez lui que chez Balzac ou Shakespeare. Sa typification est guettée par un soi, distant et hautain, qui traverse, souverain indifférent, les charniers et champs de supplices ; chez peu d'artistes l'hérédo se confesse comme chez celui-là. Aussi exerce-t-il une véritable fascination sur ses admirateurs, gens évidemment de sa famille. Il détient leur secret comme le sien. Il leur montre le monde qu'ils portent en eux.

Ce que j'ai appris de la biographie de Manet, influencé nettement par Goya, me révèle en lui un hérédo frénétique de la lignée de Goya. Son risque compensateur consistait à rechercher les jeux éblouissants de la lumière et la décomposition instantanée du prisme — d'une façon encore plus aiguë et pénétrante que chez Turner, autre frénétique — au lieu que le drame intérieur de Goya se joue de préférence au crépuscule. Mais si vous voulez mettre en opposition un moi prédominant et un soi vainqueur de l'hérédité, rapprochez un Turner d'un Poussin, le premier étant en somme un élève exaspéré du second. Quel trouble ancestral chez Turner ! Quel équilibre sage chez Poussin !

Le trait est à la couleur ce que le rythme est au son. Le rythme doit être considéré comme une dépense d'hérédo-mouvements accumulés, tels que la marche ou les gestes usuels et de métiers, repris et équilibrés par le soi. Il en est de même du trait. Au lieu que la couleur est un résumé des contemplations héréditaires et le son un résumé des surprises auriculaires ou auditions ancestrales : « Cela chantait dans ma tête, bien avant que je l'eusse inscrit sur le papier. » Ainsi s'expriment tous les musiciens. Les formes hantaient le dessinateur et les couleurs et nuances le peintre, bien avant qu'il ne les fixât. Désormais la critique devra tenir compte de ces perspectives de l'introspection.

Or, le frénétique a une forte et habituelle tendance à briser le trait et le rythme et à exaspérer les couleurs. Sa typification l'exige ainsi. En littérature, il gonfle le sens des mots et multiplie leurs oppositions, sans autre règle que les saccades de son humeur, aussi variées que les hauts et les bas d'une courbe fébrile. Il en résulte des effets de style surprenants, où l'hérédo est immédiatement reconnaissable. Le Saint-Simon de la cour de Louis XIV en est un exemple. Maintenant que vous êtes avertis sur le mécanisme intérieur, vous voyez la roue de l'instinct génésique qui tourne, chez cet auteur atrabilaire, en arrachant et éparpillant des lambeaux d'hérédismes, que son génie transforme en silhouettes de contemporains. De sorte qu'à tout prendre, ces portraits forcenés sont beaucoup plus fils de son introspection psychoplastique que de son observation. Ses immortelles empoignades s'adressent principalement à son ascendance, fournie comme pas une en envieux, en rancuniers, en avares, en jaloux, en goinfres, en cachottiers, en salaces et en orgueilleux. Il confond les portraits de son entourage et de la Cour avec ses portraits de famille. C'est ce qui fait l'intensité de son œuvre. Vous le croyez à l'Œil-de-Bœuf, mais c'est en dedans de lui qu'il regarde.

L'envieux est une hérédo-typification très fréquente, sur laquelle il y aura lieu d'insister. Ce caractère, formé de pièces et de morceaux, est comme la quintessence, la liqueur d'une longue suite de comparaisons défavorables au comparant. Une lignée d'esprits chagrins amasse de l'envieux, comme le champ inculte donne du chiendent. Le fils d'Alceste, s'il ne lutte contre son moi hardiment, est prédisposé à cet affreux vice, par qui se décolore la nature et tout retombe au vase de l'amertume.

Moins connu est le calculateur, dont Beyle dit Stendhal nous offre le modèle. Vous imaginez, derrière lui, une théorie de vieilles filles rapaces et de ces grippe-sous rustiques pour qui la poésie gît dans le gagne-petit. Ces gens-là collectionnent les liards et coupent les sentiments en quatre, dans la crainte de les dépenser. La peur de la générosité d'esprit est très remarquable chez Stendhal. *Le Rouge et le Noir* est, comme la *Chartreuse de Parme*, un tour de force de parcimonie sentimentale. L'analyse y est une conséquence de l'avarice, de la réticence poussée au système. Stendhal est le pire des matérialistes, celui qui demeure dans le terre à terre pour faire l'économie d'une effusion et qui craint de rendre à l'universel plus que l'universel ne lui a donné. Le manque d'élan est poussé chez lui jusqu'à la perversion. Il soupçonne tout le monde, y compris lui-même. Il se scrute et se fouille dans ses personnages, ainsi qu'à une douane tyrannique, et le moindre lambeau de spontanéité est saisi et mis au rancart par son analyse revêche et crochue. Il est odieusement méticuleux. On s'étonne que le risque en contrepoids, qui fonctionnait vigoureusement en lui et qu'il a peint chez Julien Sorel et Fabrice del Dongo de façon d'ailleurs inoubliable, ne l'ait pas retourné contre lui-même et poussé au suicide. Car il n'est pas de pire supplice que celui qui consiste à calculer implacablement les moindres circonstances de la vie, les moindres démarches du sentiment, en cherchant sans répit son propre avantage.

J'ai connu et même fréquenté un écrivain presque célèbre, appelons-le Léopold, qui était de la même famille psychohérédique que Stendhal. C'était un homme assez spirituel, taciturne, bien doué pour l'analyse, mal doué sous le rapport de son style qui était rugueux et impropre, avec des prétentions syntaxiques et grammaticales. La typification génésique s'était opérée chez lui sous les espèces du calculateur. Il tenait son existence comme un livre de comptes, colonne du doit, colonne de l'avoir, barrêmes, soustractions, reports. Vous lui rendiez un service, il vous rendait un service. Pas deux, un. Il ripostait à un demi-mauvais procédé, par un demi-mauvais procédé, calculé dans une impeccable balance. Comblé de faveurs grandes et petites, et même académicien — ce qui lui allait comme un gant — il était devenu d'une mesquinerie et d'une étroitesse qui allaient toujours en s'accentuant, ainsi que les tics des vieilles filles. Or, j'ai eu précisément l'occasion de voir et d'observer depuis Léopold dans une circonstance où il risquait sa peau et je constatai alors chez lui, conformément à ma prévision, une détente, un considérable soulagement. Ce risque contrebalançait sa typification si morne et déplaisante, lui prêtait momentanément des ailes. Mais, presque aussitôt après, il revenait à ses sordides calculs moraux.

S'il est des êtres qui réagissent contre les événements et les rencontres, il en est d'autres, les « acceptants », qui se font à tout, se prêtent à tout, avec une invraisemblable malléabilité. Tels des personnages de caoutchouc, ils subissent une déformation quelconque, puis tout aussitôt reprennent leur forme. Vous les reconnaîtrez à ce qu'ils répondent toujours « oui », en ajoutant parfois « bien entendu », ou « évidemment ». Je considère que ce manque de réaction est comme une lassitude de la conscience, parcourue par trop de fantômes, avec somnolence de la volonté. Ceux qui sont atteints de cette passivité morale, s'ils sont d'un certain niveau intellectuel, échafaudent sur elle tout un système philosophique, afin de se masquer leur propre faiblesse. Ils se donnent comme des sceptiques, ou des indulgents, remettant aux circonstances le soin de fausser, puis de redresser leur molle destinée. Une pareille attitude peut coïncider avec beaucoup de gentillesse et un réel talent. Elle assure d'abord le succès, en science comme en littérature, comme en politique, puis elle le retire par la déception et l'irritation d'autrui. Au lieu qu'une certaine fermeté et même dureté conserve ses conquêtes. Les réticents et les allusionnistes sont des types humains dont les moralistes et les auteurs comiques n'ont pas tiré le parti qu'ils auraient pu. Les réticents ne disent jamais tout, ne pensent jamais tout, n'agissent jamais tout. Ils demeurent à mi-chemin entre la conception et la réalisation, comme ils restent en route au milieu d'une phrase. La cause en est dans la traversée brusque d'un hérédisme par un autre, dans un chevauchement congénital des ancêtres décidés par les ancêtres irrésolus. Le réticent, quand il se risque, fait exception à ses habitudes et s'exprime jusqu'au bout, au milieu de quel trouble, de quelles angoisses, lui seul pourrait le dire ! J'en ai connu un qui m'affirmait que son effort — venu évidemment de son soi, sans qu'il s'en doutât — était comparable à celui du manœuvre qui soulève une énorme pierre. Il me disait encore : « C'est un supplice que d'être forcé de tout dire ou de tout réaliser. Je voudrais être compris à demi-mot et me contenter, dans mon art, d'indications. » C'était un peintre très bien doué, qui mena cependant la vie d'un raté, faute d'une rectification intérieure. Il sentait son hérédité. Il répétait volontiers qu'il était le fils d'un père faible et d'une mère énergique et qu'il en voulait à son père d'avoir mis tant d'eau dans le vin maternel.

L'allusionnisme, tour d'esprit assez répandu, est la conséquence d'un ascendant masqué par un autre, dans la région éclairée du moi. La superposition de ces deux personnages donne au langage une ambiguïté, à l'attitude et à la démarche quelque chose d'équivoque et d'incertain. Le besoin de confesser cette complexité donne des poètes obscurs comme Stéphane Mallarmé par exemple, chez qui l'allusionnisme tournait à l'obsession. Jusque dans la conversation courante, où il était d'une virtuosité infinie, cet homme délicieux cherchait à laisser entendre quelque chose qu'il n'exprimait pas, mais qui l'inquiétait et le divertissait tout ensemble. Il en arrivait à écrire et parler par rébus. Le penchant est alors de renforcer constamment la difficulté et d'enfermer un symbole dans une allitération, ou dans un autre symbole. Jonglerie parfois charmante, surtout au début, puis qui fatigue son lecteur ou son spectateur.

Un autre allusionniste était le malheureux Oscar Wilde et je n'ai pas besoin d'ajouter qu'il était un hérédo achevé, avec son masque inquiet et mou, superbe par le front, hideux par la mâchoire, son corps avachi et ses gestes prétentieux. À l'époque où je le rencontrai, je n'avais pas encore délimité nettement le rôle du soi et celui du moi, ni étudié, comme je l'ai fait depuis, le mécanisme de l'instinct génésique. Cet instinct, qui joua à Oscar Wilde les tours que l'on sait, faisait de cette brillante imagination une floraison perpétuelle d'hérédismes amers et grotesques. Il en résultait chez moi une courbature dont je ne m'expliquais pas la raison et qui me faisait chercher maint prétexte pour fuir la compagnie de ce faux charmeur. Puis, tout à coup, de ces lèvres épaisses tombait une parole sensée et juste, qui réconciliait avec le pauvre diable, et il a écrit dans sa prison quelques pages d'une réelle beauté. N'est-il pas vraiment désastreux qu'un pareil naufrage n'ait pu être évité par un traitement psychoplastique approprié, par une purge ou élimination méthodique des fantômes intérieurs ? La personne de Wilde était de celles qui valent la peine d'être sauvées et qui peuvent — j'en ai la conviction — être sauvées.

Bien d'autres types humains pourraient être analysés, comme je le fais ici, à la lumière des principes précédemment exposés. Nous en rencontrerons, chemin faisant, de plus singuliers encore et cependant assez fréquents. Car l'homme est plus complexe que ne l'imagine celui qui le suppose le plus complexe. Un jour viendra, avec le perfectionnement de l'introspection, où ces observations paraîtront rudimentaires, où le tableau des hérédismes et typifications, des protagonistes psychiques du moi s'enrichira de véritables découvertes. Par delà les caractéristiques que nous connaissons, il en est d'autres que nous pressentons, tapies dans les recoins de la conscience, ou habitant ses grandes profondeurs, que de hardis sondages ramèneront. Quelles qu'elles soient, je pense que les règles de dissociation et de classement que j'établis ici pourront leur être toujours appliquées.

CHAPITRE VI

LE HÉROS ET SON CONTRAIRE

À la lumière des considérations précédentes, nous pouvons maintenant serrer de près la définition du véritable protagoniste du soi : le héros. Celui-ci n'est pas seulement l'homme représentatif dont parlait apocalyptiquement Carlyle. Il est encore et surtout l'homme du risque noble — lequel barre la route même aux bons hérédismes et renforce la personnalité consciente — il est un soi triomphant. L'impulsion créatrice, le tonus du vouloir, l'équilibre raisonné ont en lui toute leur nitidité, toute leur vigueur. Nous en concluons que l'instinct génésique, insufflateur des parasites héréditaires du moi, est chez lui réduit à son minimum, sinon complètement dompté. Il en résulte une clarté intérieure qui va jusqu'à éliminer les éléments confus, faussement qualifiés d'inconscients, et un resplendissement psychique.

On voit combien est erronée la doctrine matérialiste médicale d'après laquelle les héros seraient, par certains points, des dégénérés ou des anormaux. Ils sont au contraire une élite et une quintessence de l'idéal humain. Leur perfection est d'autant plus grande qu'elle signifie davantage la victoire du soi.

L'histoire miraculeuse et exemplaire de Jeanne d'Arc nous montre le sommet de l'héroïsme pur. On y voit avec quelle aisance la Pucelle se transportait au cœur des choses et portait, sur toutes circonstances et toutes personnes, un jugement clair et direct. Cela tient à ce qu'entre elle et la vérité religieuse, politique, humaine, il n'y avait aucune interposition de personne héréditaire, aucun écran d'origine trouble. La flamme du soi l'animait toute et la guidait. Ses réponses à ses juges, recueillies dans l'ouvrage magistral de Quicherat, montrent une âme libre d'entraves et demeurée telle qu'au sortir de l'animation par son créateur. Elle résout simplement les pires difficultés. Elle déjoue les pièges en souriant. Il y a en elle la sécurité d'une fleur ouverte à la lumière, la continuité d'une ligne d'horizon et aussi ce don virginal, stellaire, de n'être déviée de sa route par aucun obstacle. Qui vient parler ici de légende ? La légende est une déformation. Le cas de Jeanne d'Arc est une préformation, je veux dire une prédestination providentielle, mais aussi transparent qu'un cristal, et strictement historique et concret dans ses moindres épisodes. Ceux-ci étaient d'une acuité, d'un perçant tels qu'ils ont traversé les âges sans s'altérer. Nous avons, dans certains de ses propos, jusqu'à l'inflexion de la voix de Jeanne d'Arc. Elle est une personnalité sans scories et sans ombre, un dessin de feu dans l'azur moral.

Chez une semblable nature, comme d'ailleurs chez les véritables héros du soi, l'impulsion créatrice, n'étant pas entravée par les hérédismes, agit, c'est-à-dire invente perpétuellement. Elle se porte sur les problèmes de l'art militaire, comme sur ceux de la vie en société, comme sur les autres arts, comme sur les sciences, et elle les ouvre jusqu'à leur centre. L'absence d'erreur est ici conjointe à l'absence d'hésitation. Dans tous les ordres d'idée, Jeanne et ses émules reconnaissent le Roi parmi ses courtisans, le principe parmi ses conséquences, l'essentiel parmi les accessoires, la réalité parmi ses apparences et vont au Roi. Car le soi cherche ses complémentaires et ses pairs. Là où le moi, tout empêtré, tout encombré de fantômes, titube, trébuche, s'égare, revient sur ses pas, se contredit, le soi affirme et va droit devant lui.

Parfois un d'entre nous, inquiet, angoissé, cherchant sa route, après bien des tergiversations, éprouve soudain, au centre de sa conscience, une illumination comparable à l'effraction, dans une cave obscure, d'un flot de lumière. Ceux qui ont éprouvé une seule fois cette puissante sensation ne l'oublieront plus jamais. Elle se produit en général sans cause extérieure apparente, sans que se soit modifiée la conjoncture qui faisait notre perplexité, notre appréhension. Le malaise cesse. Le sentiment de la liberté, de la certitude nous emplit et nous anime. En même temps que notre poitrine est soulagée d'un poids si lourd, une hiérarchie spontanée s'opère dans notre esprit, qui met l'objet de notre peine à sa place, à son plan et, le désindividualisant, l'atténue. Voyez dans ce phénomène une réapparition instantanée du soi à travers les nuages mouvants du moi et un répit de la scène intérieure.

Chez le héros, cet état est durable, et il est habituel. La trouvaille chronique, de théorie ou d'application, en est la conséquence. Rien n'est fécond comme l'héroïsme. Il n'est pas de meilleur moyen de s'en rendre compte que d'ouvrir et de feuilleter les manuscrits de Léonard de Vinci. La diversité des planches n'a d'égale que leur perfection, qu'il s'agisse de marine, de balistique, de l'éclosion d'une fleur, d'un déchargement de poids lourds, de la défense d'une ligne de tranchées, de l'équilibre d'un gymnaste, du sens d'un tourbillon d'eau, de la physionomie d'une flamme, du déroulement d'une chevelure, de l'enchâssement d'un œil dans la réflexion, d'une calligraphie appuyée, de la démarche d'un cheval, du vol de l'oiseau, de l'articulation de la tête de l'insecte, de la parabole d'un projectile, de l'éparpillement d'un nuage, du dessin d'un jardin, d'une courbe de perron ou de balustrade, d'un saut en hauteur ou en longueur, de la figure formée par un tonneau qui roule, une étoffe qui se déplisse, un poids lancé et reçu, une main qui s'ouvre et se referme. Le soi de Léonard étreint et presse l'univers, cherchant partout ces lois générales du mouvement, qui relient la naissance à la mort, et le minéral, en apparence inerte, au mobile et ductile système nerveux des animaux. Ce soi foudroyant et infatigable, pour qui un objet est toujours une nouveauté — puisque le moi héréditaire ne l'offusque ni le contrecarre, — ce soi héroïque projette, sur tout problème, une lumière oblique, douce et pleine, un halo de révélation. Il saisit les concordances éparses et brouillées aux yeux du vulgaire. Il repère les analogies qui courent à travers les règnes de la nature. Il retourne la grande tapisserie immortelle, et il examine, à l'envers, le sens des coutures, les lignes d'entrée et de sortie des aiguilles, la couleur des laines. Il ne s'agit plus ici même de clartés sublimes, mais limitées à un ordre de connaissances. Il s'agit d'une véritable irradiation.

Autre exemple de héros du soi : Louis Pasteur. Sa très intéressante biographie, par son gendre, Vallery-Radot, doit être lue attentivement à ce point de vue. La santé, l'équilibre moral de Pasteur nous donnent l'impression d'un dégagement presque total des hérédismes et de l'automatisme intellectuel qui en est la conséquence. Claude Bernard avait été proche de cet état supérieur, mais il ne l'avait pas atteint, et le poids héréditaire s'était traduit, chez lui, par l'affirmation du déterminisme, qui est une étroite doctrine de routine et de mort, et dont l'application aboutit, en quelques années, aux erreurs à longue portée de Broca et de Charcot : arbitraire des localisations, localisations de l'aphasie, symptomatologie de l'hystérie, etc. Au lieu que, chez Pasteur, l'impulsion créatrice n'étant retenue par aucun préjugé intérieur, se porte avec une vivacité fulgurante sur les phénomènes et enchaînements de la vie. On sait ce qu'il en est résulté : une refonte totale de l'étiologie des maladies infectieuses ; un traitement de ces mêmes maladies ; un transfert, dans la conception biologique, de ces infiniment petits que Leibnitz avait conçus mathématiquement. L'héroïsme pasteurien compense, à lui seul, la lourde sottise matérialiste de la seconde moitié du dix-neuvième siècle, par qui furent gâchées de belles intelligences.

Bien qu'appartenant à cette mixture confuse, barbare, empêtrée qu'est la race germanique, Gœthe, exception illustre, fut de la grande lignée des héros intérieurs. Il nous dit qu'il tenait de son père la stature et la conception sérieuse de la vie ; de sa mère, la joyeuse nature et le don des fables et récits. Mais il n'eut rien d'un hérédo, et dès son adolescence, parmi des crises sentimentales et intellectuelles violentes, dont il nous a laissé l'attachant récit, il cherche la maîtrise psychique et la sérénité. Sa méthode spontanée était curieuse : il se reprenait, en se donnant ; il se dépensait sans cesse, littérairement et philosophiquement, afin de se reconquérir. Une volonté claire et méticuleuse bridait et ordonnait sa vaste imagination. La clé de toute son œuvre, le problème qui l'occupa sans cesse, et qu'il a exposé dans ses deux Faust, est celui de la reviviscence, c'est-à-dire de l'échappement du soi au moi. Il y revient dans sa correspondance, notamment avec Schiller et avec Zelter, et dans ses entretiens avec Eckermann, sous les formes les plus variées, les plus capiteuses, les plus détournées, les plus ingénieuses, comme quelqu'un qui, dès l'âge de sept ans, se serait dit : « J'apporte au monde avec moi des principes étrangers à ma nature. Comment devenir entièrement moi-même ? » *Le comte d'Egmont* est une recherche de la liberté intérieure, plus que de la liberté politique. *Les Affinités Électives* traduisent le vif désir d'échapper aux influences génésiques et à leurs chasses-croisés. Cela est d'autant plus saisissant que l'ouvrage est construit sur le modèle de certains livres du XVIIIe siècle français, notamment ces *Liaisons Dangereuses*, qui expriment la tendance exactement contraire, la recherche sceptique de la servitude sensuelle et de ses conséquences. Le grand mérite de Gœthe a été de comprendre ce que toute cette littérature avait de dangereux et d'abêtissant — au sens étymologique — et de rectifier le romantisme, en remettant la pondération en honneur.

Le sage de Weimar a la grande marque de ceux qui ont su éliminer le poison héréditaire : la curiosité et la compétence universelles, non à la façon d'un touche-à-tout, mais comme un homme qui lit couramment dans la nature. Botanique, biologie, géologie, ostéologie, architecture, composition des jardins, tout l'intéresse et le retient. Il n'a pas de ces marottes qui sont les tics de l'intelligence, de ces engouements qui sont la grimace du vrai. Il domine ses sujets d'étude. Si loin qu'il pousse l'analyse psychologique, il sait échapper à l'acuité confuse. L'équilibre physique paraît avoir été, chez lui, aussi remarquable que l'équilibre moral. On sait qu'il avait en horreur l'anarchie, la brutalité et la rébellion. Mais la ligne générale de son œuvre décèle en lui un ami de la violence utile et raisonnée, celle qui empêche de grands désordres. Car beaucoup trop de gens, je le répète, confondent la sagesse et l'apathie, la sérénité et l'acceptation, la bienveillance et la peur, ou font des distinctions arbitraires entre la pensée et l'action. Il faut savoir penser son acte et agir sa pensée.

On a comparé Gœthe et Frédéric Mistral. Ce suprême Latin est, lui aussi, un héros au sens défini en tête de ce chapitre, et d'une essence, à mon avis, plus rare encore. Il a cherché à préserver son peuple et son langage — par là même le langage français, dont le provençal est une racine — des injures du temps et des méfaits des mauvaises institutions. Cette vie sereine et pure, dans le petit village de Maillane, fut une longue et glorieuse lutte contre l'appauvrissement qui s'appelle centralisation et contre l'oubli. Pour mener une telle lutte, il fallait être descendu au plus profond de l'ethnoplastie, dans ces régions intellectuelles — et nullement inconscientes — où l'on apprend à relever, à restaurer. Les poèmes divins de Frédéric Mistral ne furent qu'un moyen de maintenance, qu'un appel aux forces qui préservent contre les forces qui délitent. Jamais chantre inspiré ne sut mieux ce qu'il faisait, ni comment il le faisait. Le mérite extraordinaire de *Mireille* et de *Calendal,* du *Poème du Rhône* et des *Iles d'Or*, c'est que les effets que tant d'autres, et des mieux doués, Hugo par exemple, tirent de l'indéterminé et du nébuleux, Mistral les tire de la précision. Il nomme et décrit amoureusement les trente et une pièces de la charrue. Son mystère est fait de plein soleil, du prolongement de l'exactitude par le rayon. Ainsi Homère et Virgile.

Si j'en crois les récits qui m'ont été faits, son hérédité, bien que paysanne, n'était pas simple. Il n'y a pas à s'en étonner. Les plus beaux « soi » se conquièrent, de haute lutte, dans des lignées où abondent les « moi » chargés d'ancêtres. C'est alors, nous l'avons vu, que le risque se donne carrière, et sépare les vertus non héritées des vertus et facilités congénitales. Le risque que courut Mistral, peut-être le plus redoutable de tous, fut celui de l'incompréhension. Il obtint la gloire malgré lui, puisqu'il écrivit dans une langue fermée à beaucoup de ses compatriotes. Il élevait ainsi, entre eux et lui, un obstacle surajouté à celui de la haute poésie et de cette grandeur, que beaucoup d'êtres vils ou niais considèrent comme une offense personnelle. C'était son risque. Ce triomphe est un des plus surprenants de l'histoire psycholittéraire. C'est que le soi est, nous l'avons vu, directement communicable, même aux plus simples. Au lieu que le moi ne les atteint que par des intermédiaires, adaptateurs, explicateurs, commentateurs. Le soi perce comme une épée. Le moi ne se transmet que par une série d'ébranlements et de déformations, de réfractions successives. C'est un bâton plongé dans les eaux jointes de l'espace et du temps.

Le moyen par lequel Mistral se libéra de ses ancêtres fut à la fois très puissant et très original. Ce grand traditionnel écrivit le *Trésor du Félibrige*, ou dictionnaire franco-provençal, et repensa ainsi, un par un, tous les mots de ses parents et arrière-parents. Qu'est-ce que le mot ? Un conglomérat, transmis du passé. En scrutant et déterminant son sens, ses racines, son emploi, Mistral se délivrait de l'obsession que ce conglomérat héréditaire eût, sans cela, exercée en lui, sous la forme indistincte ou fantômale. Il le restituait à son soi, en même temps que son impulsion lyrique lui faisait, dans ses poèmes, un sort nouveau. Qu'on ne s'y trompe point, la passion de l'étymologie, dont sont animés quelques bons écrivains, d'âge en âge, n'est que l'effort sourd de leur personnalité véritable, non commandée, pour échapper aux hérédismes. Ils chassent l'automatisme verbal en vérifiant et examinant le verbe. Ils renforcent ainsi la clarté, le brillant du premier outil de la conscience, le plus usuel et le plus exposé. Il y a là une donnée dont nous devrons tenir compte dans le traitement psychoplastique de l'hérédo. Le mot, dont sont victimes les natures faibles, peut et doit être facteur de délivrance, à condition d'être repensé, ressenti et hiérarchisé. Le « jardin des racines grecques et latines » de notre enfance était une trouvaille de pédagogie. C'est en ce sens que les humanités, indispensables à l'homme cultivé, sont si favorables à l'éclosion du génie individuel, au sens « ingenium ». Elles augmentent le domaine de l'intelligible, aux dépens du prétendu inconscient, du trouble apporté par l'instinct génésique.

Chaque fois que je me suis trouvé en présence de Mistral, j'ai admiré d'abord sa haute sagesse et la façon dont il tenait en main les rênes de son imagination et de sa sensibilité. Les gens disaient de lui, comme on disait de Gœthe : « Il peut être froid et distant. » Or, Mistral était le plus sympathique et le plus ouvert des hommes, à condition qu'on ne dirigeât aucune attaque ni atteinte contre son secret, qui était la maîtrise intérieure. Il vénérait ses ascendants méritoires, comme doit le faire tout bon traditionnel, mais il ne les laissait pas intervenir, sous forme d'humeurs déviantes, ni d'excitants, dans ses jugements. Analyste comme pas un, synthétiste à la façon des grands créateurs, il tenait la balance égale entre ces deux stimulants de l'esprit. *Le Poème du Rhône* en est la preuve auguste, ainsi que les admirables *Olivades*, son dernier livre. Certaines pièces des *Olivades* m'apparaissent comme le sommet de l'art, d'où descendent les deux versants de la spontanéité et du labeur : un chant de pâtre sous les pures étoiles.

Mistral évitait avec soin toute perturbation, toute agitation, même morale. Quelques jours avant sa mort, il alla faire solitairement une promenade dans les Alpilles, un des sites les plus harmonieux qui soient, afin de passer en revue les beaux souvenirs de sa longue vie, d'emplir une suprême fois ses regards de la splendeur créée. Que ne pouvons-nous connaître la méditation de ce noble génie, sur le point de perdre vent et haleine — comme dit Villon — et de suer « Dieu sait quelle sueur ! » L'essentiel des âmes nous échappe toujours. C'est une des mélancolies d'ici-bas. Nous traversons ces champs d'asphodèles, avec à peine une vague idée de leurs formes et de leurs parfums.

Je noterai ici une circonstance déjà lointaine — en 1890 — où m'apparurent, dans un éclair, la distinction du moi et du soi et la lutte intérieure. Nous nous trouvions, Mistral, mon père et moi, dans une ferme de Provence, aux portes d'Arles. Alphonse Daudet et l'auteur de *Mireille* échangeaient fraternellement leurs souvenirs de jeunesse. Je les écoutais, tout ému et vibrant de leurs récits. Mon père était déjà bien malade. Il disait : « Quelle chose singulière ! En dépit de mes souffrances et de l'âge — il atteignait alors cinquante ans — je sens, tout au fond de moi-même, quelque chose qui n'a pas vieilli, *quelque chose qui m'appartient bien en propre*, et qui se réveille notamment quand tu es là, toi, mon vieux compagnon, mon cher Frédéri.

— Mon bel Alphonse, répliqua Mistral, les poètes comme nous ont toujours vingt ans. »

Ils parlaient ainsi debout dans une pelouse que je vois encore, devant un vaste horizon bleuâtre, classique et fin. On eût dit deux sages conversant aux Champs-Elysées, après avoir dépassé la tombe. L'immortalité de ce « quelque chose », dont parlait mon père, m'apparut soudain comme très naturelle et aussi comme très personnelle, sans aucune image, presque sans abstraction. La mort, sur ce « quelque chose », n'avait point de prise. Ce « quelque chose » n'était point transmis héréditairement. Il était recréé, ce « quelque chose », avec chaque nouvel être humain venant au monde. Ainsi, en allant jusqu'au bout de ma pensée, c'était le transmissible et le transmis, c'est-à-dire l'héréditaire, qui vieillissait avec l'individu, disparaissait avec la lignée, au lieu que l'intransmissible, que l'individuel était quasi inaltérable pendant la vie et immortel après la mort. Ce « quelque chose » c'était le soi, dont l'immortalité ne peut être qu'une réalité absolue, au lieu que l'immortalité du moi — sa transmission héréditaire — est conditionnelle et figurative… Puis cette idée s'effaça, plongea : je ne devais la retrouver que vingt ans plus tard, comme une de ces étoiles qui reviennent au firmament visible, après un long périple à travers l'espace invisible.

Je viens d'analyser l'héroïsme chez des hommes célèbres. Mais il existe de nombreux héros, de nombreuses héroïnes, inconnus de tous et d'eux-mêmes. Ils apparaissent à l'occasion d'une circonstance tragique, d'un cataclysme, d'une épidémie, d'une grande guerre. On s'étonne alors de leur nombre et de leur valeur. C'est le soi qui, domptant le moi, fait des siennes à travers la race.

J'ai connu une pauvre infirmière, âgée d'une quarantaine d'années, en paraissant soixante, avec un visage paysan où brillaient des yeux admirables, parce que la pitié y attisait la connaissance. Elle est morte, voici quelques années, de compassion ou de contagion, je pense, car sa miséricorde était infinie. Employée dans une section de cancéreux à l'hôpital, elle les pansait et repansait sans se rebuter, dormant à peine trois heures par nuit et relevant les moribonds et les désespérés, par son humeur égale et souriante. Ensuite elle entra dans un luxueux sanatorium, d'où elle fut renvoyée pour avoir apporté en cachette du bordeaux à un homme riche et accablé, dont elle disait : « Il me fait autant de peine que le plus pauvre, car il n'est pas accoutumé à ce qu'on ne fasse rien pour lui. » Cet homme riche et généreux, afin de compenser une mesure de rigueur dont il était la cause, lui donna cinq mille francs, somme énorme pour une infirmière. Savez-vous ce que fit Marie. — Elle s'appelait Marie. — Elle distribua instantanément les cinq mille francs à cinq familles chargées d'enfants, qui habitaient la maison faubourienne où elle avait sa mansarde. Comme je la grondais doucement pour cette prodigalité, elle me répliqua : « Je ne voulais pas faire de la peine à M. X… en refusant, ni me déshonorer en gardant cet argent que je n'avais pas gagné. » Ainsi pratiquait-elle l'aumône fleurie. Son risque consistait en ceci qu'elle pouvait et devait être souvent dupe, mais cela lui était profondément égal. J'ajoute qu'elle demeurait gaie dans l'enfer, qu'elle chantait de vieilles chansons auvergnates — elle était des environs de Riom — grises et usées quant à la mélodie et à la trame des mots, et qu'elle était gourmande de chocolat à la crème. Elle chérissait ses malades, mais ne les revoyait jamais « de crainte qu'ils ne se crussent obligés à la reconnaissance ». Elle me rappelait, à son humble et magnifique étage, le professeur Potain, dont j'ai conté ailleurs la charité héroïque et sage.

Or, Marie avait le don de l'introspection. Fille d'une mère nerveuse et d'un père usé, elle me racontait comment elle dépistait et pourchassait dans sa conscience toute tentation, de quelque ordre qu'elle fut, afin — ajoutait-elle — « de ne pas être esclavagée ». C'était là sa grande préoccupation. Elle savait que ce qu'il y avait de meilleur en elle était né avec elle, et elle veillait jalousement sur ce trésor moral, dont elle devinait l'importance. Elle répétait aussi que la mort lui était indifférente, « puisqu'elle demeurerait telle quelle après ». Comme je lui demandais quelle représentation elle se faisait du Paradis, elle me répondit : « On y jouit de la présence de Dieu et l'on n'a pas besoin de se débattre pour demeurer libre »… Quand j'évoque un soi complet, je pense à Marie l'infirmière et à mon maître Potain.

L'un et l'autre étaient sans orgueil. Le véritable héros, le véritable soi ignore l'orgueil, *lequel nest autre chose q'un sentiment de fausse force, d'illusoire plénitude, procuré par le nombre et la diversité des hérédismes*. L'orgueilleux se croit riche et puissant, parce qu'il distingue confusément les reflets de son héritage, sans distinguer les dangers de cet héritage. Il songe : « Comme je suis peuplé ! » Dans le délire des grandeurs caractérisé, qui marque l'épouvantable victoire des hérédismes sur le soi, le patient déchaîne cette outrecuidante illusion, il tombe en proie à sa lignée, il s'aliène. La logique intérieure continuant à fonctionner sous le désordre mental, il conclut bientôt de cette supériorité immense à l'envie et à la jalousie quelle doit soulever. Ainsi débute le délire complémentaire de la persécution. Le raisonnement morbide est le suivant :

1° Que de monde en moi, quelle foule, quelle valeur, combien je suis riche et important !

2° Supérieur ainsi à tous les autres hommes, je dois exciter leur rage envieuse. Que d'ennemis !

3° Le seul moyen de m'en tirer, c'est de supprimer ces ennemis.

Or, il faut savoir que, même chez l'homme sain, l'orgueil est toujours homicide. Il croit qu'on ne règne que par la destruction. Au lieu que l'humilité, sentiment du soi, est féconde. Potain était humble comme Pascal, auquel il ressemblait physiquement. Il apportait au lit du malade une atmosphère de sagesse recueillie, très favorable à la guérison. Le grand médecin agit par l'état de sa conscience, au moins autant que par sa science. Ce n'est pas du tout une allégorie que de reconnaître aux saints le pouvoir de guérir.

Le sacrifice est la floraison du risque noble. Par le sacrifice — qui est toujours une opération raisonnée de l'esprit et un acte volontaire — le soi donne délibérément l'individu en holocauste à son idéal. L'exemple le plus frappant est celui du soldat qui meurt pour son pays, en pleine jeunesse et en pleine force. Mais c'est au moment de ce don et de ce choix délibéré que la liberté intérieure est sans doute le plus complète. D'où l'euphorie qui l'accompagne. La guerre actuelle a fait lever une telle moisson de héros lucides, et, principalement en face de la mort, ces héros ont laissé de tels témoignages de leur clairvoyance ultime que leur psychologie en est éclairée. L'école matérialiste enseignait que l'héroïsme militaire est inférieur et le sacrifice militaire une duperie. L'école intuitiviste expliquait le sacrifice par une sorte de crise supérieure de la sensibilité, par une extravasion de l'Inconscient. Il s'agit, au contraire, d'une extrême clarification de l'intelligence, d'une libération complète du vouloir, d'une délibération sage et de la définitive victoire du soi sur le moi. J'ai interrogé de nombreux combattants, de tous milieux et de toutes professions, n'ayant échappé au glorieux trépas que par miracle. Tous ont insisté sur la lumière instantanée qui s'était faite en eux au moment où ils croyaient que « ça y était », sur la joie mystérieuse concomitante — suivie de près de la joie d'être encore vivant, paradoxalement fondue dans la précédente — sur cet éclair de haute certitude, de logique dépassant la logique. L'état de trouble et de confusion mentale, qui appartient à l'appréhension, cesse avec elle. Contrairement à l'axiome de La Rochefoucauld, la mort, sur le champ de bataille, peut se regarder fixement. La sérénité est la première récompense du héros. *Impavidum ferient…*

Une mention spéciale doit être faite aux sacrifices héroïques, lents et continus, fréquents surtout chez les femmes, que représentent la nourriture et l'éducation d'une famille nombreuse, la tenue décente d'une maison peu fortunée. Il y faut l'application d'une volonté et d'une sagesse de tous les instants, le déploiement d'un courage chronique. Verlaine l'a dit avec une légère erreur :

> La vie humble, aux travaux ennuyeux et faciles,
> Est une œuvre de choix, qui veut beaucoup d'amour.

La légère erreur consiste en ceci que lesdits travaux ne sont pas faciles. Ils sont pénibles et quelquefois rebutants. Le risque qui émane d'eux fait atteindre la risqueuse à la grandeur morale, la soustrait à ses hérédismes les plus généreux et personnalise ses vertus. Politiquement la France fut l'œuvre de ses Rois, moralement l'œuvre de ses mères patientes et sensées, si laborieuses qu'elles ne se reposaient que dans la prière quotidienne.

Le héros a son contraire, qui est le traître.

Le traître représente la victoire des éléments héréditaires et tiraillements du moi sur le soi, la confusion de la volonté, la dislocation de l'équilibre sage. Cela à un point tel que souvent le traître ne se rend pas bien compte qu'il trahit. Ce type humain apparaît donc de préférence dans les hérédités chargées et les âmes faibles, dispersées, errantes. On n'est pas seulement traître envers son pays, et dans tous les ordres d'idées, on l'est encore envers les siens, envers soi-même. On l'est chroniquement ou accidentellement, partiellement ou totalement. Il s'agit là d'une véritable interversion de l'héroïsme, de sorte qu'on retrouve, chez le traître, les principales caractéristiques retournées du héros, chacune des vertus étant remplacée par le vice correspondant. Au lieu que le risque noble personnalise le héros, le risque ignoble du jeu dépersonnalise le traître davantage, en le dispersant dans son ascendance intérieure. Il joue continuellement le scandale d'être découvert à pile ou face, avec une anxiété mêlée au plaisir, qui est lui-même une caricature de l'euphorie héroïque. Il vit sur le tranchant du couteau. Son affreux secret le travaille et le sculpte, à la façon d'une lésion morbide. Comme il lui est malaisé de s'en délivrer par la confession littéraire ou artistique, il le dépèce — tel un assassin — en un certain nombre de confidences, qu'il fait aux gens les plus indifférents et qui, rejointes, donneraient la clé de sa trahison. Il en résulte un sentiment de honte diffuse, comparable, bien qu'antithétique, au sentiment de gloire qui accompagne le héros. Le traître se confronte sans répit et orgueilleusement. La simplicité, l'humilité lui sont totalement inconnues.

La vie m'a fait rencontrer un de ces damnés — appelons-le Judas — qui a joué, pendant de longues années, un certain rôle dans la société parisienne, en raison même de son métier. Il appartenait à une race nomade et dispersée chez les autres peuples. Ce n'était pas un méchant homme. En dehors de la vanité poussée jusqu'à la caricature et d'un snobisme vertigineux, on ne remarquait en lui rien d'extrême, ni de saillant. Il pouvait à l'occasion rendre un service, à condition d'en tirer une attitude. Cependant le besoin de trahir était chez lui poussé au degré qu'atteignent chez d'autres la faim et la soif. Cette concupiscence le prenait par bouffées, par crises mêlée à des images de cupidité d'argent, qui lui faisaient la bouche sèche et les yeux vagues, incapables de se poser ici ou là. Dans ces minutes ethnoplastiques, Judas appartenait visiblement à une longue lignée de marchands, qui avaient vendu à faux poids tout ce qu'il est possible de vendre, de guides de l'ennemi, de livreurs de plans de forteresses, etc. Les circonstances firent qu'un jour, à l'occasion d'un événement tragique, je le pris sur le fait dans l'exercice de son penchant. Il tremblait de tous ses membres. Il retenait avec peine, sur ses lèvres pâles, un aveu qui l'empoisonnait. La curiosité psychologique l'emportait chez moi sur le dégoût et je distinguais, comme sur un théâtre, derrière ce pantin désarticulé, une vingtaine d'ancêtres vils et mercantiles, qui le tiraient comme autant de ficelles. Ses paupières, les ailes de son nez, ses joues, étaient parcourues de ces hérédomouvements, que la clinique nerveuse appelle fibrillaires, et qui sont comme autant de sonneries, muettes mais visibles, des fantômes du moi.

Ainsi que sur l'écran du cinéma, défilèrent donc, dans l'espace d'une demi-minute, sur ce faciès dépersonnalisé, une petite troupe de maquilleurs et truqueurs d'Orient, qui rappelait les *Mille et Une Nuits*. Je songeais : « Comme le monde est étrange ! Voilà un bonhomme habitant Paris, sur les boulevards, au XXe siècle, et qui me donne la comédie d'un tohu-bohu d'ascendants de bazar, dans leurs oripeaux multicolores. » La voix aussi me frappait beaucoup, constituée de trois glapissements, désharmonisés entre l'aigu et le grave, et semblable à une querelle de complices. Mais bientôt Judas se ressaisit, se rassura, s'apaisa, et j'avais devant moi un homme du monde qui saluait perpendiculairement, dans un veston des plus corrects.

On conçoit que le phénomène dit d'autofécondation — intervention dans le moi d'un ascendant complet, sous l'influence du sens génésique — aboutisse souvent, sur le plan physico-moral, à l'extrême fourberie et à la trahison. L'homme double, auquel nous avons alors affaire, a tendance à tenir un langage qui soit le contraire de sa pensée, à poursuivre un plan opposé à celui qu'il proclame ou avoue, à déjouer perpétuellement autrui. Cette hypocrisie frénétique lui est tantôt un soulagement, tantôt une fatigue, selon qu'il est en excitation ou en dépression.

J'ai rencontré aussi ce type assez rare et d'un diagnostic malaisé, quand on n'a pas étudié le drame intérieur. Physiquement Arbate était comme tout le monde, et même assez beau garçon. Néanmoins deux tares d'hérédo apparaissaient en lui : le regard invraisemblablement fuyant ; les mains courtes, aux doigts fuselés en pointe, comme des estompes, et très mous. Il était brave et sans loyauté, menteur et laborieux, de culture très médiocre et fort vaniteux. Mais, à certains jours, l'ancêtre de ses mains et de ses yeux s'installait dans son moi comme chez lui et s'y livrait à des combinaisons odieuses, auxquelles personne ne comprenait rien. On eût dit qu'il s'autofécondait à volonté. Il s'agissait, cette fois, non d'un hérédisme ou d'un fragment d'individualité congénitale, mais d'une individualité complète, d'une quasi métempsycose, ne laissant qu'une courte frange de l'Arbate habituel. Ce pauvre garçon devait connaître son mal et en souffrir, car il donnait dans toutes les sottises dangereuses de l'occultisme, comme pour y chercher la solution d'un problème qui le tourmentait. Son personnage normal m'aimait bien. Son double héréditaire me détestait. Je n'oublierai jamais de quel accent il me parla de mon roman *la Lutte*, à son apparition. *La Lutte* l'intéressait, comme récit d'un combat à l'intérieur de la personnalité. Je l'aurais bien étonné si je lui avais alors expliqué sa propre psychoplastie.

Le romancier anglais Stevenson a étudié un cas analogue dans son célèbre ouvrage *Monsieur Hyde et le Docteur Jekyll*. Il s'agit d'un dédoublement de la personnalité sous l'influence d'une drogue. Il n'est malheureusement pas besoin de drogue pour obtenir un tel résultat, quand le soi raisonnable se trouve masqué par une autofécondation soudaine. Que de fois n'entend-on pas, devant les tribunaux, cette explication, cette excuse : « J'étais un autre homme, je ne m'appartenais plus ! »

Ici une question grave, et même douloureuse, se pose : la substitution intrapsychique d'un traître à un héros est-elle possible, par un brusque retournement de la personnalité ? Je la crois possible, bien qu'assez rare, vu la complexité des conditions héréditaires requises pour une telle transformation. C'est ce qu'on pourrait appeler le coriolanisme, en souvenir de l'exemple historique que Shakespeare a mis à la scène. En ce cas, le risque ignoble du jeu prend la place du risque noble et, sous une influence génésique violente et déterminante, l'autofécondation masque presque entièrement le soi, sauf une bordure où jouera quelquefois le remords. En même temps l'orgueil se débride, un orgueil démoniaque, qui fait saccage de tous les bons sentiments.

CHAPITRE VII

DANS LES PROFONDEURS DU SOI

Au point où nous sommes parvenus, il nous faut, avant de passer à la lutte des hérédismes du moi contre le soi — troisième acte du drame intérieur — scruter d'aussi près que possible les réactions entre eux des éléments du soi, aux divers âges de la vie. Je me contente de tracer ici les linéaments d'une science nouvelle, qui pourrait s'appeler la métapsychologie, car elle est fondée sur l'introspection et déborde par conséquent l'examen des faits et les données de l'expérience.

Nous avons ainsi défini les éléments du soi : l'initiative créatrice, le tonus du vouloir, l'équilibre sage. La synthèse s'en opère dans un acte de foi. Chaque soi est différent de celui du voisin, d'une différence qualitative et quantitative, qui va en décroissant de l'initiative créatrice vers l'équilibre par la raison. Chaque soi échappe à la durée, en ce sens que la durée ne peut l'anéantir ; mais, avec les années, les éléments du soi se modifient et se répartissent différemment, l'initiative créatrice diminuant au bénéfice du tonus du vouloir, lequel diminue lui-même au bénéfice de la sagesse. Chaque soi porte jugement sur son moi, peut admonester, brider, réformer son moi. Chaque soi peut choisir des ancêtres sages et bienfaisants et chercher le vrai en leur compagnie, mais il peut aussi improviser et puiser directement dans la nature les termes de son improvisation. Examinons successivement ces différents points.

Tous les écrivains, artistes, philosophes et la plupart des hommes d'action sont unanimes à constater que, dans l'être vieillissant, quelque chose ne vieillit pas. Ce quelque chose, qui se répartit autrement, mais qui ne saurait s'amoindrir, est le soi. Mon père, dont l'introspection était suraiguë et souvent foudroyante, me le répétait souvent : « Qu'est-ce que cet immuable de nous-même, cet inaltérable, qui s'impose à nous dans le même temps que le miroir nous avertit de notre rapide déchéance physique ? » Quiconque a observé, avec une attention soutenue, les tout petits enfants, a pu constater, chez eux, de très bonne heure, antérieurement même au langage, une personnalité déjà formée dans le ferme ou dans l'irrésolu, dans l'imaginatif ou dans le placide, dans le sensé ou dans l'obtus. Ce qu'il y a en nous de plus dynamique, de plus moteur est aussi ce qui est établi le plus tôt, ce qui se corrompt et se modifie le moins.

Avez-vous jamais pratiqué cet assez difficile exercice que j'appellerai une plongée de mémoire ? Je veux dire cette remontée du temps et de nos propres sensations ou raisonnements, qui aboutit presque au vertige. Comme certains athlètes s'accoutument à un mouvement compliqué, l'introspecteur assidu peut et doit arriver à une véritable virtuosité dans cet art. Je suis parvenu à reconstituer ainsi, exception faite pour quelques rares lacunes, des pans entiers de ma vie intérieure au cours de ma prime jeunesse. Je n'y trouve point ma réflexion si différente de ce qu'elle est aujourd'hui, au moins dans sa trame raisonnée. Bien mieux, j'analysais mes impressions à peu près de la même manière que maintenant, et sans savoir ce qu'était une abstraction, je passais de l'abstrait au concret et inversement avec une facilité qui m'enchantait. Ma volonté, mesurée par mon acharnement au travail, était aussi tendue que depuis, dans les passes les plus volontaires de mon existence. Quand je faisais une sottise, c'était délibérément, avec une vue fort nette des conséquences fâcheuses qui en résulteraient. Interrogés par moi, plusieurs de mes amis, au caractère solidement trempé, m'ont fait des confidences analogues. J'étais bien petit quand je sautais d'un perron assez élevé, au risque de me casser la jambe, parce que le choix de ce risque me faisait sentir délicieusement et copieusement, au fond de moi, une puissance non déléguée ni héritée, un principe d'acte. La difficulté m'en plaisait, comme ayant un goût de genèse, une saveur de rafraîchissement.

Dans l'écoulement successif des hérédismes de toutes sortes, présences, états d'esprit, aperçus de tempérament, aspirations vagues, tics mentaux, qui s'éparpillent et se dissolvent à mesure que nous avançons dans la vie, cette permanence et pérennité du soi est une consolation et un encouragement. Mise à sa place et en sa valeur, elle aurait dû inquiéter les évolutionnistes enragés de la seconde moitié du XIXe siècle et leur faire examiner de plus près leur absurde et funeste doctrine, complément du déterminisme. Ainsi n'eussent point été paralysées la science psychologique, la clinique, la critique françaises, condamnées à végéter dans leurs petites cloisons séparées et étanches, au milieu de formules d'écoles et de poncifs spiritualistes ou matérialistes. Ainsi eussent été relevés, dans tous les domaines, les autels de l'Intervention, fille de la liberté intérieure. Ainsi n'eût pas été méconnue l'immense ressource psychique et morale du soi, inaltérable et guérisseur.

L'introspection, guidée ou même dirigée par quelqu'un d'habile, fait découvrir à de grands nerveux le moment précis de leur biographie où ils ont perdu la conscience nette deux-mêmes quelquefois sous un choc ou une émotion — où ils se sont comme endormis. On sait que ce sommeil moral s'accompagne d'une rétention de l'influx nerveux, proportionnelle à la durée du sommeil, dont le réveil se traduit par des détentes, contractions, contractures, spasmes généralisés, phénomènes divers, jadis attribués à l'hystérie. L'explication en est simple. À l'appel de l'instinct génésique, très souvent dans le voisinage de la puberté, les hérédismes ont assailli et recouvert le soi jusqu'à l'obnubiler presque complètement, moins la frange déjà décrite. L'effacement, le retrait, l'évaporation de ces hérédismes, amènent le réveil du soi et la dépense brusque et théâtrale de l'énergie nerveuse accumulée. Mais, faute d'un traitement psychoplastique approprié, l'instinct génésique agit de nouveau et de nouveau le soi s'obnubile.

La clinique corrobore ainsi ce que nous savons du drame intérieur.

Le soi improvise et induit. Il est, grâce à l'initiative créatrice, le père des grandes découvertes primordiales : le feu, la charrue, le vin, la voile, le pain, la route, la loi. Ces découvertes, mères elles-mêmes d'autres découvertes, participent de la pérennité du soi. Elles touchent à l'essentiel de l'être. Elles ne sont ni modifiables, ni remplaçables. Plus l'homme est soi, plus il est en puissance d'invention, d'ingéniosité, d'improvisation, et plus aussi ses inventions sont transmissibles et durables. Au lieu que, si certains hérédismes mènent à des découvertes partielles, à des thèses séduisantes, ces découvertes aboutissent à des culs-de-sac, ces thèses sont caduques et maîtresses d'erreurs. Le moi, qui tient une lanterne, est le premier à trébucher dans les fondrières. Le soi diffuse une lumière douce de reviviscence, véritable soleil intérieur, qui féconde autour de lui et dore de nombreuses moissons intellectuelles. Toutes les marottes scientifiques et littéraires sont des issues ou des dérivations du moi, chargées d'hérédismes de toute sorte et comme des cristallisations d'humeurs psychiques. Leurs porteurs s'attachent et s'entêtent à elles d'autant plus qu'ils devinent leur fragilité. Broca et Charcot avaient érigé en dogme anatomo-clinique cette théorie des localisations cérébrales, aujourd'hui totalement détruite par les faits et abandonnée, qui réduisait l'immense problème du cerveau humain, — fragment lui-même du beaucoup plus immense problème de la pensée humaine — à un tableau de sonneries dans une antichambre. Le fameux schéma « de la cloche », par lequel Charcot expliquait faussement les diverses formes de l'aphasie, n'est qu'un hérédisme projeté et fixé sur le papier, un résidu de l'ascendance et comme un balbutiement d'artisan.

La doctrine de l'évolution de Charles Darwin — d'ailleurs déformée et exagérée par les successeurs et imitateurs de Darwin — et les formules analogues de Lamarck, tout comme les reconstitutions osseuses de Cuvier, tout comme les théories sur la fièvre de Claude Bernard, relèvent de l'effervescence héréditaire au sein du moi. Pour l'évolution par exemple, il est bien clair qu'elle n'est autre chose que le substratum lui-même des réapparitions héréditaires, coordonné et interprété ainsi qu'un « progrès ». C'est la suite et le développement érigés en divinité, la trame prise pour le dessin. La succession des aspects et des formes sur l'écran héréditaire donne au spectateur — en l'occurence à l'introspecteur — l'illusion que ces aspects dérivent les uns des autres, que ces formes s'engendrent et se complètent. Ce qui s'écoule masque ce qui est permanent. Le fleuve dissimule le lit du fleuve. Les reflets et luisants sont pris pour la loi de l'animé. Voici la connaissance de l'homme paralysée pour cinquante ans, embringuée d'une multitude de comparaisons et de métaphores admises comme autant de réalités.

Le dernier en date des hérédismes matérialistes a été cette vaine et fameuse « découverte » du neurone, par qui s'expliquait mécaniquement l'association des idées et dont Jules Soury disait que, l'ayant connue, il pouvait mourir. Il n'y avait à cela qu'un dommage, c'est que le neurone n'existe pas, qu'il n'est qu'un accident de dissection fine, qu'une création histologique, que l'interprétation fausse d'une coloration. *A priori* c'est une hypothèse bien sommaire que celle qui consiste à expliquer des juxtapositions de pensées par une juxtaposition de cellules nerveuses et un entrelacs mental par un entrelacs anatomique. Les choses ne se passent pas si simplement.

Quant à Jules Soury, admirateur de l'inexistant neurone, il était lui-même un hérédo caractérisé, tant par son aspect extérieur, composé de plusieurs types humains mal fondus, que par sa tournure d'esprit, véritable champ clos d'hérédismes. Sa voix basse et sifflante avait l'air de ne pas lui appartenir. Elle véhiculait un incroyable mélange de sottises doctoralement affirmées et de remarques justes et saisissantes. Comme il sentait vivement ses ancêtres, il leur avait voué un véritable culte, et son traditionalisme ascétique était une forme détournée de l'orgueil. Il avait horreur de l'Intervention. La passivité dans la constatation était devenue une règle de sa vie intellectuelle et il la prêchait avec une acerbe bonne foi, tout en la jugeant proche du désespoir. Je ne fus pas long à poser son diagnostic. Lors de sa première visite chez moi, il entra au salon avec son parapluie et son immense chapeau haut de forme, qu'il ne confiait jamais à un domestique. Puis il s'assit et commença de disserter sans arrêt sur les fonctions du cerveau, avec une éloquence précise, mais fatigante, ainsi qu'un fou tourné contre un mur. Cependant je distinguais derrière lui une demi-douzaine d'ascendants, eux-mêmes formés de divers personnages plus lointains, que son instinct génésique très ardent et très dissimulé — il était d'une chasteté absolue — fécondait avec une rapidité surprenante. Il pensait dans trois compartiments au moins, dont l'un était d'un jeune homme infatué et ignorant de toutes les conditions de l'existence, l'autre d'un sorcier de campagne et le troisième d'un rat de bibliothèque, perdus eux-mêmes parmi une petite dispute de vieilles femmes avares et hargneuses. Tenant son clavier congénital, j'aurais pu établir, une par une, le répertoire de ses manies. C'était dommage, car il laissait étouffer et végéter un soi remarquable, dont il eût pu et dû tirer les plus beaux accents. Ce soi transparaissait dans sa sincérité et dans sa curiosité infatigable, mais cédait le pas à l'automate, suivant le mécanisme décrit plus haut.

Il était manifeste que ses erreurs — cultivées par lui avec une sombre délectation — tenaient à l'interposition d'hérédismes variés entre la vérité et son soi. Ce dernier cherchait le vrai mais était détourné de lui par un ancêtre fol, à peu près de la même façon que dans le jeu dit du « chat coupé ». Aussitôt l'on voyait Soury courir après le fantôme mental ou le morceau de fantôme qui venait ainsi de le duper, puis revenant à son point de départ avec une tristesse infinie. Toute sa vie il s'usa à ce jeu. Une monographie de ce halètement et de cette quête perpétuellement déviée serait un ouvrage du plus haut intérêt. Alors que, chez Renan, les erreurs par contrariété d'hérédismes — si grossières et qui ont eu tant d'influence — se muaient en une comédie intérieure, chez Soury elles tournaient à la tragédie. Distinguant et pressentant la vérité, il était happé chroniquement par plusieurs absurdes, très vite transformés en idoles. Car il vénérait ses trous, ses chutes, son labyrinthe, à la façon d'un moine du XIIe siècle convoqué au Sabbat héréditaire.

Autre hérédo tragique : Léon Tolstoï. Il faut le prendre par sa fin, qui est l'image de sa vie entière. Lorsqu'il sentit venir la mort, il s'échappa dans la campagne et se mit à courir après lui-même, comme un vagabond de l'altruisme qu'il était. Il rendit son âme en plusieurs morceaux, quelques-uns d'un pur diamant, loin des siens, dans une pauvre pièce nue, où il avait trouvé asile, après avoir semé sur le monde tant d'erreurs bien intentionnées. Quel aïeul, ivre de Rousseau, lui avait légué la figure redoutable que développa en lui la puissance sexuelle, et de quels ancêtres résulta la confusion spirituelle où il se débattit pendant quarante ans. Comparez cette déroute intellectuelle au faciès de patriarche sage que nous offrent ses photographies, aux pages pleines et pondérées de ses meilleurs romans, à cet admirable conte de *Maître et Serviteur*, et déplorons ensemble qu'un pareil homme n'ait pas héroïquement dompté son moi.

C'est que, transformé en automate, sous une influence qu'il faudrait rechercher — car combien il apparaît malléable, ce faux inflexible ! — il se mit à adorer sa transformation. Il se crut même d'autant plus libre qu'il était plus captif de son ascendance. Il s'enivra de ses chaînes. Il devint un maniaque du cas de conscience, invariablement résolu dans un sens absurde. *La Sonate à Kreutzer* n'est qu'un tissu d'erreurs sauvages, où l'on voit le désir tolstoïen donner des formes à la misogynie, peupler ce beau cerveau de spectres douloureux, empêcher que l'emporte, en fin de compte, un soi valeureux, qui palpite et gémit sous l'attaque congénitale. Malheureux grand écrivain, perdu dès ici-bas dans les limbes, tâtonnant et trébuchant au milieu des pièges hérités de la pitié et de l'amour, esclave de conclusions enfantines ! Il avait été question, un moment, que mon père, qui admirait grandement *Guerre et Paix*, fit en ma compagnie le voyage d'*Iasnaïa Poliana* et rendît visite au beau vieillard, dont le regard profond avait pris cette expression, si caractéristique, du dormeur éveillé. Je n'ai pas regretté l'évanouissement d'un tel projet. Ce spectacle m'aurait fait trop de peine. Est-il plus grande tristesse ici-bas que celle du génie qui se suicide, du laboureur qui empoisonne son grain.

Ouvrez *Guerre et Paix*, non plus pour vous enivrer de ce récit à odeur humaine, à goût de sang, mais pour y retrouver Léon Tolstoï. Inquiet déjà et déjà enivré de la montée en lui des hérédismes, il les a fixés dans deux personnage : le prince André et le bon Pierre, le mari de l'impassible Hélène. Ceux-là sont des projections de la personnalité déchirante et déchirée de l'auteur. Il se domine et les domine encore. Plus tard, il obéira à leurs chimères, je veux dire à son personnage intrachimérique, il prendra la suite de leurs nuées, comme dirait le grand Maurras. Il adoptera ces marottes, qu'il essayait sous la forme romanesque, et il voudra les mettre en pratique.

Passer à l'acte, quand on est convaincu, eh ! parbleu oui, c'est ce qu'il faut faire ! Le risque était fort développé chez Tolstoï. Mais il est arrivé ce malheur que l'apparition dominatrice des hérédismes dangereux a commencé chez lui juste au moment où le risque venait — dans une crise de personnalité qu'il a décrite — de le séparer de ses ancêtres sages. Au lieu de se trouver seul avec sa sagesse, il s'est retrouvé seul avec son erreur et il l'a agie comme il faisait tout, passionnément.

Jules Huret, qui regardait bien les gens, sans d'ailleurs distinguer les ensembles, m'a conté cette anecdote : déjeunant à Iasnaïa Poliana, en même temps qu'un Indien converti au tolstoïsme, il vit avec stupeur cet individu jeter par terre une carafe de vin apportée en l'honneur de l'invité français et que le néophyte jugeait contraire à la doctrine. Pris entre les devoirs de l'hospitalité et son codex, Tolstoï était — disait Huret — « désemparé comme un homme à la croisée d'un chemin ». J'imagine que cette mésaventure dut lui arriver souvent, et pas seulement à table. Son scrupule héréditaire se composait d'une suite de carrefours, où il choisissait régulièrement, et après délibération éloquente, le chemin qui ne mène nulle part. Les ancêtres de Soury jouaient avec lui à chat coupé. Ceux de Tolstoï à colin-maillard. Je le vois toujours les yeux bandés, les bras en avant et allant buter dans un fossé, ou contre un tronc d'arbre, avec ses grands cheveux, son nez large, sa blouse de moujik, sa grosse ceinture et ses bottes fabriquées par lui.

Sans quitter la littérature russe, nous trouvons dans *Crime et Châtiment* et dans l'auteur de ce chef-d'œuvre, Dostoievsky, un remarquable exemple de combat du soi et du moi. Le protagoniste du livre, l'infortuné Rodion, est un protagoniste psychique, chez qui se concertent et s'agitent, se disputent, se massacrent la sagesse individuelle et la folie héritée — apparition du risque — et une dizaine d'ancêtres alcooliques ou tréponémiques. L'atmosphère de cet ouvrage singulier, attachant, d'une analyse intrapsychique relativement facile, est une atmosphère d'autofécondation analogue à celle de *Hamlet*. Dostoievsky avait pu en rencontrer les masques et les formes extérieures dans les rues de Pétrograde, comme Shakespeare avait pu rencontrer son prince danois et ses camarades soit à Elseneur, — dans l'hypothèse où son voyage eût été réel, — soit dans les vieilles chroniques qu'il dévorait. Mais l'animation d'un Rodion, d'un Marmeladoff, d'un Svidrigaïloff, d'un Porphyre, d'un Razoumikine venait de l'ascendance de Dostoievsky, comme l'animation de Polonius, d'Ophélie, de Laerte, de la Reine, venait de la lignée shakespearienne. Ce ne sont pas là des peintures. Ce sont des créations internes, des fécondations, puis des projections d'hérédismes. Le thème de *Crime et Châtiment*, c'est le débat du tonus du vouloir et de l'équilibre contre les spectres congénitaux. C'est pourquoi le remords y est si intense. Car le remords est une réitération mentale des actes, un ressassement connexe au réveil héréditaire. Conscience bourrelée, conscience habitée,

La médecine, qui forge parfois de bien mauvais mots, a appelé neurasthéniques des hérédos caractérisés par ceci : qu'ils ont du remords sans avoir commis, en fait, de mauvaise action. Leur médiocrité les tourmente ; ou encore ils ont honte des mauvaises pensées, des *ægri somnia*, hérédismes larvaires flottant dans les meilleures consciences, que leur dépression, que leur déséquilibre leur grossit. Au fond de ces amers misanthropes, il y a toujours un mécontentement de soi initial, un malaise moral. Celui-ci commande les troubles physiques. L'échec des médications usuelles tient précisément à ceci qu'elles s'adressent à l'effet organique et non à la cause fonctionnelle. Pour guérir le neurasthénique, il faut faire appel à son soi et le délivrer de ses hantises : 1° en lui démontrant leur vanité ; 2° en les lui faisant écrire ou confesser ; 3° en lui fournissant des objets sains d'activité intellectuelle. Son médecin doit être son ami.

Lamennais avait tous les stigmates de l'hérédo. Son soi s'est débattu de bonne heure, âprement et douloureusement, contre la confusion anarchique qu'assemblait en lui un instinct génésique dévié, sur lequel il y aurait lieu de se renseigner exactement. Je crois bien discerner à distance, en dépit des voiles dont il le recouvre, son lourd secret.

Toujours est-il que le malheureux auteur des *Paroles d'un Croyant* fut littéralement happé par ses hérédismes, ballotté, tiraillé comme pas un, et donna dans tous les godants de la congénitalité chargée et hantée. La marotte d'un esprit de ce genre consiste à choisir une aspiration vague et généreuse, liberté, égalité ou justice, et à lui sacrifier successivement toute la hiérarchie intérieure, tout ce que j'appelle l'équilibre sage. Les déséquilibrés de l'ascendance — pour quelque cause que ce soit, toxique, bacillaire, ou psychique — viennent se loger dans cette marotte, la gonflent, la distendent, l'élargissent, ainsi que des serpents dans un sac, assourdissent l'orateur ou l'écrivain de leurs sifflements, susurrements, chuchotements, reviviscences et contradictoires. Lamennais les sent confusément, il les traite de démons, il les nomme. Il se fait néanmoins un devoir de les accueillir, de les héberger et il prend leurs dévastations pour de la grandeur. Un immense orgueil en résulte, accompagné de remords et de larmes. L'esprit s'écarte du positif, s'attache désespérément au négatif et ne peut plus distinguer aucune vérité, qu'elle soit religieuse, sociale ou politique. L'hérésie, c'est l'émeute intérieure. À chaque carrefour de la pensée se tient un bateleur vociférant. Maintenant les ascendants crient et tempêtent. Ils sont les maîtres de toute la scène. C'est l'antichambre du délire caractérisé, avec les trois ou quatre mornes canaux pathologiques auxquels aboutit, en progressant, l'automatisme.

L'élection, par le soi, d'un ancêtre sage amène naturellement cette rigidité, pouvant aller jusqu'à la rigueur, qui se remarque en certains individus. Ils sont sévères pour eux-mêmes et pour les autres. Ils exigent beaucoup de la nature humaine. Ils souffrent d'un excès de pénétration qui leur fait découvrir aussitôt le fort et le faible de chacun et juger durement ceux qui leur sont le plus cher. Ils sont, en quelque sorte, des magistrats nés.

Je vous présente l'auteur des Maximes, ce La Rochefoucauld dont on peut conclure, selon le mot de Quincey, qu'il est descendu dans le cœur humain plus profondément que le plomb de la sonde. Sa pénétration est à la puissance deux, comme disent les mathématiciens. Il a l'air de regarder les vices et les vertus à travers un autre, qui lui-même les eût bien regardés. Il part, pour avancer plus loin, d'un promontoire héréditaire. Aussi, comme il utilise ses ancêtres sages, au lieu de chercher à se séparer d'eux, ne discernons-nous en lui aucun risque, ni aucun héroïsme. Il est même aux antipodes de l'héroïsme. Il nie l'esprit de sacrifice. Il hausse les épaules devant la possibilité d'un mouvement généreux. Il vous guérirait de Corneille, si l'on pouvait guérir de Corneille. Son code moral nous apparaît comme le palimpseste d'un code antérieur. C'est une chambre de justice à l'air raréfié. On le subit, mais sans agrément. Il a trouvé la formule du non-risque, aussi tranchante qu'un couperet : « L'esprit est toujours la dupe du cœur. » Vous voyez ici le renforcement par l'ancêtre sage. Seul, un moraliste de même précision dirait :

« L'esprit est parfois la dupe du cœur. » Mais La Rochefoucauld Ier pèse sur La Rochefoucauld II, pour qu'il généralise dans le temps.

La forme des « maximes », cette façon de procéder par jets brûlants et brefs, indique d'ailleurs une initiative créatrice morcelée, puis bridée par quelque chose d'antérieur. L'art de formuler, — qui se retrouve chez un Chamfort, un Rivarol, un Joubert, etc., — l'art de frapper de petites médailles brillantes et solides, témoigne de l'intervention périodique ou saccadée de l'ancêtre sage. Il s'agit de pensées de pensées, de reprises en collaboration. Dans le domaine scientifique, cette rigueur et cette sécheresse, accompagnée de profondeur, produisent des esprits mathématiques, appliqués à la trame et contexture des choses, préoccupés de probabilités. Enfin il est possible de concevoir, dans la vie courante, des sortes de devins fécondants, des animateurs d'autrui, qui ont besoin d'une autre âme pour s'épanouir ou, plus exactement, pour épanouir le doublet, la quintessence de sagesse qui est en eux.

Tel était ce vieux médecin, d'une pénétration prodigieuse, qui donna à Dumas fils l'idée de la *Femme de Claude* et qui avait fourni d'idées générales un grand nombre de ses plus illustres contemporains. J'ai déjeuné avec lui une fois, il y a de cela une quinzaine d'années, et, déjà préoccupé de l'hérédo, j'ai passé mon repas, tout en l'écoutant, à dissocier en lui l'ancêtre sage, qui donnait à ses moindres propos une saveur de concentration. Le regard, sans nul parti pris, était ainsi composé de deux lueurs distinctes, dont l'une se posait sur vous, tandis que l'autre cherchait au delà, comme chez un marin ou un guetteur. La voix n'était point bitonale, bien que délicatement nuancée. Mais le rire était d'une autre personnalité, aussi libre et enfantin que le savant était concentré.

Au courant de la conversation, il nous raconta qu'il avait eu, dans sa parenté, des chercheurs à tendances encyclopédiques. C'était un de ceux-là qui revenait en lui et prolongeait son observation en divination.

Il en résulte que, dans une famille, la continuation, d'âge en âge, du métier ou de la profession est une cause de perfectionnement. À chaque génération, le soi y opère plus aisément l'élection de l'hérédisme sage. Il s'établit ainsi peu à peu au sein du soi, un renforcement de la maîtrise, qui est une condensation d'acquêts héréditairement utiles et féconds. La permanence de l'occupation physique ou intellectuelle corrige et amende, dans une large mesure, la divergence et la nocivité des hérédismes. La solidité de la souche paysanne, demeurée fidèle aux champs et à la culture, n'a pas d'autre origine.

Il est d'observation courante qu'avec l'âge la sagesse l'emporte sur l'initiative et la volonté, la contemplation sur le dynamisme et l'énergie. Le soi se répartit autrement. Par ailleurs, la diminution considérable de l'instinct génésique amène la diminution concomitante des hérédismes, de leur gonflement, de leur éclatement dans le moi et de l'autofécondation. C'est ce que traduisent les vers de Hugo :

> Car on voit de la flamme aux yeux des jeunes gens.
> Mais aux yeux des vieillards on voit de la lumière.

La psychologie des vieillards n'est pas faite. Elle comporte en général une sérénité, interrompue par des apparitions de plus en plus ralenties et espacées d'hérédismes, qui donnent parfois une impression de perversité. Ne pouvant plus agir par eux-mêmes, à cause du déclin de leurs forces, ils ont tendance à se donner le spectacle de l'action des autres. Leur mémoire, en s'affaiblissant, brille tout à coup d'un éclat plus vif sur certains points du passé, à la façon d'un feu qui s'éteint. C'est elle qu'il s'agirait de réveiller. C'est par elle, et non par d'absurdes régimes, qu'on prolongerait leur existence, en luttant contre le sommeil qui les envahit. Ils en ont la sourde conscience. Ne les voit-on pas ressasser, avec un évident plaisir, tel ou tel site ou événement de leur enfance, ranimer les tisons et les paperasses d'antan. C'est généralement le petit-fils, ou la petite-fille assise sur un tabouret auprès de l'aïeule, qui remplit, par ses interrogations, le rôle de vestale psychoplastique. Il faut imiter ces enfants. Comme nous le verrons dans le livre consacré au régime moral et redressement de l'hérédo, qui complétera celui-ci, le problème de la prolongation de la vie humaine est lié à celui du réveil psychique et de la tonification méthodique du soi. Je n'en veux comme exemple que deux macrobites — mon Dieu, que ce terme exact est laid ! — tels que Chevreul ou le glorieux entomologiste Fabre de Sérignan. Ce qui les a prolongés plus loin que le commun des mortels, ce qui a permis à leurs facultés de perdurer, c'est la curiosité intellectuelle.

Tant plus la vieille allait, tant plus elle apprenait et, pour ce, mourir ne voulait.

Il faut donner des buts aux vieillards, des buts appropriés à leur condition, nobles et salutaires autant que possible. Plus le but sera noble, plus la longévité sera durable. Il faut briser, doucement mais fermement, la coque égoïste, véritable sclérose du soi, qui les endort et leur ferme les yeux intérieurs, avant que les yeux du visage ne se ferment. Il faut les persuader de ce fait que la diminution de l'instinct génésique, si elle amoindrit, heureusement pour eux, une vaine appétence, augmente leur liberté intérieure et leur sagesse, leur permet de considérer l'univers d'un regard plus délibéré, de porter jugement, de pénétrer plus loin. Je conçois fort bien une découverte importante, essentielle, faite par un vieillard de quatre-vingts ans et davantage, auquel un entraînement psychique approprié aurait permis de surmonter la décrépitude physique.

J'ai connu, en pleines Alpes françaises, un savant religieux, célèbre par sa charité, ses sauvetages et son érudition botanique. Il vécut jusque dans un âge très avancé, en pleine possession de ses puissantes facultés intellectuelles, au milieu de la solitude, de ses livres et de ses auxiliaires, véritable providence des voyageurs égarés et des errants. Admis en sa présence, on reconnaissait un soi de premier ordre, solide et fin comme une barre d'or, d'un or multiplié par le don. Le regard était libre de tout hérédisme, la voix douce, grave et persuasive, le visage serein. La curiosité scientifique soutenait et portait ce grand vieillard. Il nous montrait son petit jardin, planté d'espèces rarissimes, avec cette minutie et cette précision qu'on remarque aux derniers dessins d'Hokousaï et aux dernières peintures de Franz Hais. Chacun de ses mots, de ses silences était significatif et plein de sous-entendus. Il émanait de lui une impression merveilleuse de calme et de lumière apaisée, ainsi que d'une prière ambiante. Tous ceux qui ont approché le père Chanoux, recteur de l'hospice du Petit-Saint-Bernard, ont senti que sa seule présence les augmentait, les ennoblissait, les élevait au-dessus d'eux-mêmes. Devant lui la bassesse avait honte d'elle-même et l'orgueil se trouvait ridicule. Il rendait aux vertus, par son simple contact, leur hiérarchie et leurs perspectives.

Fabre de Sérignan était le type du soi improvisateur et sans entraves. Il sut se méfier toujours des vastes théories, qui sont en général des interpositions héréditaires, ainsi que nous l'avons dit pour le darwinisme. Il observait à la fois méticuleusement et largement, comme un pâtre qui surprend les secrets de la nature, comme un enfant attentif au manège d'un insecte. Ses ouvrages sont un modèle de la science de plein air, qui est la vraie science, alors que le laboratoire est trop souvent la chambre de torture de la vérité, du moins quant à la biologie. Depuis les anciens alchimistes, un grand nombre d'erreurs ont pris naissance dans les laboratoires. Fabre ne formait point les conditions de la vie. L'ingéniosité de ses expériences n'a d'égale que leur ingénuité. Claude Bernard, grand hérédo, chez qui l'impulsion créatrice était aussitôt envahie par des réveils héréditaires, qu'il traduisait en hypothèses, Claude Bernard préconisait l'idée préconçue comme stimulant de la recherche : « En route, vous trouverez autre chose. » Fabre n'avait aucune idée préconçue. Il se pliait à la biographie de la mante religieuse ou du bousier. Il ne la pliait pas à ses images intérieures.

Je me rappellerai toujours l'étonnement heureux où me plongea ma première visite au docteur Lamarre, de Saint-Germain-en-Laye, philosophe et guérisseur. Ce grand homme, simple et bon entre tous, n'a aucune espèce de marotte, aucune espèce de thèse arrêtée sur ceci ou sur cela. Quand on lui parle des altières idées du professeur un tel ou un tel, il hausse tranquillement les épaules et cite aussitôt un cas particulier, observé comme lui seul sait observer, qui jette par terre la somptueuse et vaine théorie. Il examine et il traite le malade, non cette entité vague et confuse, tirée des manuels de pathologie, que l'on appelle la maladie. Il connaît les mœurs du malade, ses scrupules, ses méfiances, ses repentirs, ses subterfuges, ses échappées, comme Fabre les mœurs de ses petits collaborateurs articulés ou annelés. Il le manie habilement et simplement. Il le délivre de cette prolongation du mal, qui tient trop souvent à la maladresse et à l'imprudence de ses confrères. Il ne lui dit pas : « Victime de l'hérédité, vous resterez soumis à ses lois. » Il sait combien ces lois sont fragiles et qu'il y a, derrière l'hérédité, comme j'essaie de l'établir ici, bien autre chose. Lui-même dégage la triple impression de la sagesse, de la volonté et de l'initiative, comme je l'ai remarqué chez peu d'humains. Il est un modèle de personnalité libre et complète. C'est pourquoi il impose la confiance, il dissipe les préjugés et la routine.

On a dit que les grands savants et les grands artistes voyaient et jugeaient les choses de la nature comme si elles leur apparaissaient pour la première fois, comme si elles naissaient sous leurs yeux. C'est qu'en effet, le soi, qui meut ces privilégiés, est une puissance permanente et harmonieuse, formée d'une perpétuelle genèse. Je le comparerais au centre d'un système cosmique, où tout est en équilibre et cependant en mouvement, avec cette différence que le système cosmique ne se connaît pas et que le soi peut se connaître, se connaît une fois qu'il a écarté et vaincu le moi, dépouillé jusqu'aux ancêtres sages, jusqu'aux souvenirs et aux présences : c'est la récompense de l'introspection.

Beaucoup d'humains, même rudes et dominateurs, traversent le rayon de l'existence sans connaître d'eux-mêmes autre chose qu'un tourbillon d'hérédismes, en ignorant presque complètement leur soi. Celui-ci ne leur apparaît qu'à l'occasion d'une forte secousse, morale ou physique, d'un choc passionnel, dans l'interstice de deux ou de plusieurs influences congénitales. Cette entrevision suffit cependant pour les troubler, parfois pour les ramener à la sagesse, à la vérité sous toutes ses formes. Mais le fait qu'on ignore son soi n'empêche pas ce soi d'exister, ni les divers actes du drame intérieur de se poursuivre au sein de la personnalité confuse.

La sérénité de la mort, phénomène souvent remarqué chez des êtres par ailleurs fort agités avant cette suprême minute, tient à l'affranchissement soudain du soi, dans la débâcle et le déliement du moi. L'agonie peut être considérée comme le dernier effort des hérédismes, contre l'individualité profonde, des éléments transmis et caducs contre le principe personnel et immortel.

CHAPITRE VIII

L'AMOUR HUMAIN ET LE TROISIÈME ACTE DU DRAME INTÉRIEUR

L'amour humain n'est pas tout le troisième acte du drame intérieur, qui comprend la lutte et l'assaut des divers éléments du moi contre le soi et la résistance de celui-ci. Il en est l'épisode le plus visible et le plus important. Les anciens l'ont représenté avec un bandeau sur les yeux, bien que l'aveuglement ne soit pas la règle de toutes les amours humaines, mais seulement d'une de leurs catégories. L'immense attrait qu'il exerce ne tient pas à ses erreurs, ni aux folies auxquelles il entraîne trop souvent. Il tient à la double espérance qu'il fait naître dans son début : 1° interruption de la solitude hantée ; 2° libération de ce qu'il y a de meilleur dans l'être, l'héroïsme sacrificiel, de ce que j'appellerai la fleur du soi.

On m'objectera que la majorité des amoureux n'y voit pas si loin, que le désir meut seul la plupart de ceux qui se recherchent. Je pense que ce désir charnel n'est qu'un second stade, lequel peut d'ailleurs survenir extrêmement vite, et que, chez les pires déshérités de la conscience, tout initium amoureux relève du soi, c'est-à-dire d'une double initiative, bien souvent trompée, de sagesse et de délivrance. L'amour veut le bonheur de chaque conjoint par la conjonction de deux soi, qui sera métapsychologiquement un nouvel être. L'imperfection humaine et l'instinct génésique engagent cette volonté dans un dédale dramatique, dont l'aboutissement est très fréquemment le malheur. Mais ce malheur n'est ni nécessaire ni fatal. Il est des unions longues, heureuses et chez lesquelles l'amour, loin de mourir, participe jusqu'au bout de la pérennité et de l'inaltérabilité du soi. Il en est d'autres, qui semblaient compromises ou perdues, par l'afflux soudain des hérédismes, et chez lesquelles, après un dur combat, l'attraction sage est de nouveau victorieuse. Il en est de torves et de louches, sur lesquelles tombe tout à coup une clarté d'origine invisible, comparable à une bénédiction. Chez beaucoup d'êtres, l'amour est un naufrage. Chez nombre d'autres, il est un rachat. Mais tous ceux, heureux ou malheureux, qui ont connu l'approche de l'amour en demeurent jusqu'au bout frémissants et comme transfigurés ; indice des profondes modifications que ce sentiment, si vif et si plastique, apporte à la personnalité morale.

L'interruption de sa solitude hantée est le rêve de tout hérédo. Il sait qu'il n'a chance d'en sortir que par le soutien d'un autre soi, qui l'aidera à repousser l'obsession des images ancestrales, à recouvrer son équilibre et sa raison. Aussi voit-on fréquemment un individu congénitalement versatile, sujet à l'autofécondalion totale ou partielle, aux reviviscences automatiques, rechercher une compagne pondérée et saine, disposant d'une volonté robuste et tranquille. S'il la trouve, c'est le salut, à condition qu'il y mette du sien. Aide-toi, la femme t'aidera. S'il se trompe, si l'objet de sa flambée est indigne de son espérance et se rapproche de lui par quelque point, c'est alors la lutte complexe et redoutable de deux moi également hantés et rivalisant de sournoiserie. Reliés l'un à l'autre par une illusion presque invincible, ces deux infortunés s'entredéchireront jusqu'à la mort. C'est l'histoire contée dans *Manon Lescaut,* avec un sentiment vrai de la progression dans la misère sensuelle, qui fait du petit livre amer un chef-d'œuvre. Sous la double dégradation du chevalier des Grieux et de Manon court une sorte de lamento de ce qui aurait pu être, si ni l'un ni l'autre n'avaient été ce qu'ils sont. Le passé héréditaire, qui fait la faiblesse du chevalier, s'est jeté sur le passé héréditaire qui fait la déchéance de la fille. Leurs moi s'étreignent jusqu'au désespoir, surveillés par une frange de conscience.

Celui qui, sans être un hérédo caractérisé, n'en est pas moins sous une ou deux influences ancestrales de sens contraire et qui veut faire cesser cette contradiction intérieure, demande à l'amour de le libérer. C'est l'amour des êtres jeunes et purs, de Paul et de Virginie, de Roméo et de Juliette, de tous les gracieux adolescents auxquels l'image visible de leur perfection corporelle semble une garantie de la perfection morale à laquelle ils atteindront en se conjoignant. Il est bien entendu qu'ils se trompent. Mais c'est leur intention, non leur erreur, qui est à considérer, leur intention dérivant du soi, leur erreur dérivant de l'instinct génésique, qui gonfle une concupiscence de chair. Tous nous avons eu l'occasion d'approcher des Paul et Virginie, moins le naufrage, des Roméo et Juliette, moins le tombeau et le poison. Leur pudeur, qui naît de l'équivoque, contribue à la renforcer. S'ils se conjoignent, le fruit de leur amour cherchera le risque d'être aussi près que possible de la liberté intérieure, d'être aussi peu obsédé et conditionné que possible par sa lignée, de commencer lui-même quelque chose de noble et de grand. L'enthousiasme des procréateurs garantit l'excellence du procréé, par le fait même qu'il sera plus soustrait à leur empreinte intrapsychique.

Il faut distinguer dans les attractions amoureuses :

1° Celles qui dérivent de deux soi, à peine teintés d'hérédismes du moi ;

2° Celles qui, débutant par le soi, sont rapidement recouvertes par les hérédismes du moi ;

3° Celles chez qui les hérédismes du moi sont oscillants, instables et laissent périodiquement les deux soi en présence.

Chacune de ces catégories peut être définie par un poète, puisque les poètes sont les interprètes et les annalistes de l'amour, puisque l'amour est insaisissable ailleurs que dans les chants qu'il inspire.

Dante est le poète de l'attraction des soi, de cette gravitation morale qui recule sans cesse devant l'analyse, mais que la raison en nappe peut éclairer. *La Divine Comédie* est du plus haut intérêt, quant au point de vue qui nous occupe. Elle est une décharge en masse de tous les hérédismes fécondés par l'instinct génésique, décharge qui laisse finalement en présence, ainsi que dans les solitudes stellaires, le soi de l'altissime poète et celui de sa Béatrice. Il a décrit cette confrontation et le sentiment bienheureux qui l'accompagne dans la splendeur de son « Paradis », succédant aux tortures, évidemment congénitales, de « l'Enfer » et du « Purgatoire ». C'est le cas le plus saisissant d'une purge complète de la personnalité héritée dans une œuvre d'art, que couronne l'apothéose de la personnalité neuve et librement agissante. La construction du poème, triple en un, suit ainsi l'expansion du soi dantesque, finalement vainqueur du moi lourdement chargé qu'il avait apporté à sa naissance. Je ne connais pas d'autre témoignage des vicissitudes du drame intérieur aussi exemplaire que celui-là, que cette fulgurante auto-psychographie.

La haute littérature, en général, peut être considérée comme une immense confession, tantôt directe, tantôt détournée et allusionniste, des avatars de la conscience humaine parmi les réactions de ses deux pôles, le soi et le moi ; le premier, autochtone, intransmissible, impérissable ; le second, hérité, transmissible et mortel. La haute littérature a ainsi au moins trois fonctions, dont la première est de libérer de leurs hérédismes les grands écrivains qui recourent à ce procédé d'élimination ; dont la seconde est de transmettre à l'avenir le jugement plus ou moins masqué qu'ils ont ainsi porté sur eux-mêmes. Je n'insiste pas actuellement sur la troisième fonction, issue des précédentes, qui consiste à exprimer et maintenir la race et la nationalité par le langage. Nulle part ces trois fonctions ne sont plus manifestes que dans *la Divine Comédie*. L'œuvre de Shakespeare, qui vient après, morcelle sa destination et son bienfait comme son émerveillement. Elle n'a pas cette courbe majestueuse, ni cette cohésion. L'initiative créatrice n'y est pas aussi parfaitement scandée, harmonisée par l'équilibre sage. Le chantre incomparable du plus grand amour terrestre se trouve donc être, du même coup, le plus profond révélateur de l'homme à l'homme et cela n'étonnera aucun de ceux qui ont suivi notre démonstration. Il ne pouvait en être autrement. À côté de *la Divine Comédie*, les sonnets de la *Vita nuova* étincellent d'un rayonnement analogue. C'est une raison qui s'est saisie et qui s'offre. Le risque héroïque est sensible dans l'élan hardi du sentiment, passionné mais lucide, qui trouve toujours l'expression la plus auguste. Ainsi Dante se sépare des hérédismes, même sages, de son ascendance et laisse arder son soi en face du soi ardent de sa bien-aimée. Ce sont deux soleils spirituels, qui se complètent et se confrontent.

Chez Villon, au contraire, qui est le type de la seconde catégorie des attractions amoureuses, les hérédismes nombreux du moi masquent presque totalement l'impulsion créatrice du soi, la volonté et la sagesse. Villon est ballotté sans répit. Il rit en pleurs, comme il l'avoue lui-même, promenant une conscience bourrelée, que viennent railler, pervertir de narquois ancêtres, et qui ne connaît bientôt plus de l'amour que sa caricature sensuelle, que ce que happe et déforme l'instinct génésique. Reportons-nous au schéma du chapitre IV. Un ignorant ne manquerait pas d'affirmer que Villon est particulièrement riche en inconscient, alors qu'il est semé de débris d'hérédismes, — que le sens génésique a fait éclater, — et bourré de réflexes automatiques. Mais ce qui fait qu'on s'intéresse douloureusement à lui, c'est ce malaise de remords continuellement sous-jacent, cette nostalgie de son soi, appliquée tantôt aux Dames du temps jadis, tantôt à sa jeunesse, à sa mère et à son « plus que père », tantôt à tel ou tel de ces innominés qu'il entraîne dans sa complainte angoissée, d'un si beau rythme. La raison, chez cet homme singulier, obnubilée au cours de l'existence, s'est réfugiée dans les proverbes et locutions courantes. Il proverbalise, ce fol tourmenté, aussi bien qu'un sage comme Mistral. Il a le dicton rédempteur.

Ronsard est comparable à un beau fleuve, charriant ses hérédismes, quelquefois limoneux, dont le fond transparaît souvent sous les eaux redevenues claires, et tout illuminé de la dorure du jour. Ceux qui ont suivi, au début de l'automne, les rives de la Loire, me comprendront. Ses amours, multiples et impures, se rachètent par une expansion du soi, sensible jusque dans la cadence des vers, où il apparaît que Cassandre, Marie, Hélène ne sont que les ombres changeantes d'une même forme ardemment poursuivie. Ce soi ronsardien est le plus riche, le plus nuancé de la poésie française. Même quand il est recouvert par des habitudes, presque des manies, une nostalgie, un orgueil, une luxure, d'origine visiblement congénitale, même quand il paraît céder aux fantômes intérieurs, on le sent tout près de la révolte subite et de la victoire. Lecture fortifiante entre toutes, comparable à un bain de lumière. Ici se vérifie ce que nous avons avancé sur la faculté improvisatrice, universelle et plastique du soi ; car la veine lyrique de Ronsard se porte indifféremment sur tous les objets, sur les jardins, les nymphes, la cour, la politique, la nation, et ennoblit et glorifie tout ce qu'elle touche. Ni l'infirmité, ni l'âge, ni la désillusion sentimentale, ne pouvaient longtemps courber ou altérer cette sagesse brillante, comparable au « saule verdissant » que le poète comparait lui-même au Gaulois, et qui tire profit de son propre dommage. Il y a plus d'une ressemblance entre cette facilité créatrice, cette volonté du beau toujours en éveil, et la personnalité de Léonard de Vinci. Le Vendômois se rapproche ainsi de l'Amboisien par adoption royale. L'un et l'autre inventent continuellement, dans le domaine des couleurs, du dessin, du son et des cadences. L'un et l'autre possèdent ce magnifique privilège du soi vainqueur, qui est la domination des apparences. Ils extraient l'un et l'autre du vaste univers et ils coordonnent tout ce qui relève de la conscience humaine, même la pierre dure et les astres lointains.

Un autre poète, plus récent, est un véritable champ clos du soi et des hérédismes, mais laisse malheureusement, au contraire de Ronsard, ceux-ci dominer celui-là. J'ai nommé Charles Baudelaire.

Il n'y eut pas d'homme plus hanté que Baudelaire par les furies de l'hérédité, il n'y en eut pas de plus tiraillé entre des personnages différents, superposés à son personnage. Procurez-vous son portrait. Examinez ce masque glabre, aux lèvres minces, ce grand front, ces yeux profonds et durs. C'est un visage en cinq ancêtres, un visage prêt pour toutes les grimaces de la concupiscence inassouvie et comme une carte muette des multiples influences congénitales, qui viendront s'y inscrire simultanément ou à tour de rôle.

J'ai interrogé des contemporains, une contemporaine. Baudelaire était déconcertant par ses changements et sautes d'humeurs, ce qui est le signe des grands hérédos. Charmant et séduisant au possible, quand il était sous une bonne emprise, il devenait acariâtre et odieux quand un mauvais ascendant l'empoignait. Je glisse volontairement sur les fâcheux tours que lui joua un instinct génésique toujours en éveil et en inquiétude, qui l'inclinait vers l'exceptionnel, la femme damnée, la femme de couleur, les images morbides, les rêveries malsaines. Cependant, sous ces bizarreries, ces colères, ces rancunes de chat sauvage, ces curiosités de fille nerveuse, on distingue, dans l'auteur des *Fleurs du Mal* et des *Paradis artificiels*, un sens aigu et solide des réalités, des règles morales, littéraires, poétiques, un besoin de clarté et d'équilibre. Le manuscrit posthume publié par Crépet, *Mon cœur mis à nu*, constitue une précieuse contribution à l'étude des hérédos. Ce n'est pas son cœur, c'est son moi, son ascendance que le « Boileau hystérique » — mot assez juste de je ne sais quel contemporain — met à nu. Il est impossible de se confesser plus complètement et plus crûment.

Voici comment les choses se passaient : Baudelaire entrait en transe. Il devenait en prise à son moi, à une série de rêves debout, d'hallucinations voluptueuses, musicales, colorées, aquatiques, architecturales et autres, dominées par le désir vague d'une femme capable de lui faire éprouver toutes ces sensations à la fois. Quelqu'un qui eût bien connu sa parenté, et qui l'eût bien connu, eût pu rapporter chacune de ces lubies à tel ou tel, mettre des noms de morts sur chacun de ces hérédismes. Je laisse à penser quel gonflement, puis quel éclatement de principes ancestraux ou de parenté immédiate, quel automatisme par débris et jonchement de la conscience, succédait à cette première aura ! D'où malaise, réaction du soi, création et projection littéraires, accomplies d'ailleurs avec fatigue et difficulté, car cet immense réservoir d'images obsédantes avait un tout petit orifice d'écoulement, par la plume et par la parole. Il se délivrait donc malaisément et imparfaitement.

À peine délivré, le soi baudelairien, convaincu que cette alerte serait la dernière, recouvrait aussitôt son équilibre et se mettait aux projets d'avenir. Ils abondent dans *Mon cœur mis à nu*, les projets d'avenir, les plans de vie. L'hérédo, momentanément soulagé et rendu à lui-même, pousse invariablement ce soupir de délivrance et combine les plans de sa résurrection. Illusion déchirante et touchante, car on ne secoue pas aussi aisément le poids des aïeux reviviscents, entre la trentième et la cinquantième année. Il y faut une assiduité volontaire que ne possédait pas Baudelaire et un entraînement qu'il ignorait. Ses rechutes étaient immanquables et il les accueillait au début avec cette euphorie molle et bizarre que j'ai déjà signalée. Ainsi l'esclave émancipé retrouve avec un certain plaisir la chaîne qu'il a tant de fois maudite.

Victor Hugo, père du romantisme, c'est-à-dire de l'hérédisme érigé en système — et quel aberrant système ! — Victor Hugo est un chantre typique du troisième acte du drame intérieur, notamment dans la zone amoureuse. Ce drame se joue chez lui avec une fougue et une verbosité extraordinaires, les éléments ancestraux du moi attaquant en foule et recouvrant, — telle la vague, le rocher, — un soi d'une trempe extraordinaire. Chez aucun autre auteur, sans doute, la séparation des deux pôles de la personnalité n'est plus marquée que chez celui-ci. On comprend, quand on les examine à cette lumière, les variations politiques et sentimentales de son existence. Le moi hugotique est énorme, boursouflé, disparate, véritable bric-à-brac héréditaire, où il y a de tout : de la vanité, de la peur, de l'hypocrisie, du relief, de la ronde bosse, de la truculence, de la gourmandise, même de la goinfrerie auditivo-visuelle : goût des allitérations, des à peu près, des coq-à-l'âne, des jeux de l'encre jetée sur le papier, etc. On comprend le mal que s'est donné cet esprit subalterne qu'était Renouvier — nourri des rognures et détritus de Kant — pour supposer un ordre dans ce chaos. Cependant, de temps en temps, tous les deux cents vers environ, le soi hugotique apparaît sous la forme d'une strophe ou d'un assemblage de mots très simple, d'une pureté, d'une grandeur sublimes.

En voici, cueillis au hasard du souvenir, quelques exemples :

> Je vous baise, ô pieds froids de ma mère endormie !

Et ceci :

> Il n'est point de brouillard, comme il n'est point d'algèbre
> Qui résiste, au milieu des nombres ou des cieux,
> À la fixité calme et profonde des yeux.

Et ceci :

> … et l'arbre de la route
> Secoue au vent du soir la poussière du jour.

Ou encore :

> Dieu, quel sinistre bruit font dans le crépuscule
> Les chênes qu'on abat pour le bûcher d'Hercule !

Ou encore :

> Le maître va venir, mais le chien sera mort.

Ou encore :

> C'était une humble église, au cintre surbaissé.
> L'église où nous entrâmes……

C'est ainsi que la production lyrique de Hugo est analogue à un torrent trouble — celui des hérédismes — au milieu duquel court le filet limpide, ensoleillé, inaltéré, d'un soi de première qualité. L'instinct génésique, puissant chez lui et jamais bridé, accomplissait, à l'intérieur de son moi, des ravages véritables, le parsemant de détritus baroques, de scories verbales, de quarts, de moitiés, de dixièmes de personnages ancestraux, lamentables marionnettes qui faisaient sa joie et son orgueil.

Bien entendu, ses disciples n'imitèrent que l'imitable, c'est-à-dire ce moi monstrueux, et la sarabande sortie de Hugo n'offrira, pour l'avenir, que peu d'intérêt.

Disons, en résumé, que l'amour humain et ses interprètes seront estimés en proportion de la somme et de la qualité du soi qui les anime et en fonction de la lutte soutenue contre les éléments héréditaires. Ce critérium est sûr. Il ouvre à la critique une voie qui ne pourra plus être négligée. Car l'amour véritable tend vers la durée, la sagesse et l'équilibre ; et c'est la corruption congénitale de l'amour — contrairement à l'opinion courante — sous le ferment génésique, qui conduit aux aberrations de ce sentiment.

Quand l'amour entre deux êtres dérive seulement d'une attraction de leurs hérédismes, l'intervention du soi de l'un ou de l'autre le fait cesser. Il s'ensuit une impression profonde de délivrance. C'est pourquoi l'amour de cette catégorie doit être considéré comme un sommeil de la volonté, sommeil susceptible de réveil. Les amoureux sensuels sont des somnambules, dont ils ont l'allure et les yeux vagues, des automates hallucinés, chez qui la conscience de la liberté intérieure peut être entièrement recouverte. Cette hantise ne s'attache pas d'ailleurs uniquement aux personnes. Le fanatisme n'est autre chose que l'amour sensuel — c'est-à-dire esclavage — d'une idée, d'une doctrine et d'un principe.

L'historien Michelet est, dans son genre, un fanatique d'autant plus typique qu'il se croit l'adversaire du fanatisme. Cependant il porte, dans ses improvisations au sujet de l'histoire, une humeur d'hérédo, un aveuglement systématique et toutes les tares de l'amour sensuel. Sa raison, sa sagesse dorment, l'ordre lui est inconnu et il s'en glorifie, par un mécanisme orgueilleux, que nous avons analysé, et qui est celui de tous ses pareils. Fécondé, gonflé, rompu, éparpillé par un instinct génésique qui parle d'autant plus haut et cru que l'auteur avance en âge — symptôme grave de déséquilibre intérieur — le moi de Michelet, au milieu d'images brillantes, se jette sur tous les moi des époques troubles, notamment de la Révolution, et les interprète à sa guise. Les ouvrages latéraux, tels que *la Femme, l'Amour, l'Insecte, l'Oiseau*, etc., nous donnent la clé psychologique de cette personnalité à la fois frénétique et endormie, frénétique quant aux hérédismes, endormie quant au bon sens intérieur. Son œuvre, écrite en un langage brisé, hagard, puissant et souvent magnifique, est un témoignage du dérèglement de conscience tout à fait singulier. Le romantisme individualiste, cette éjection des composants congénitaux du moi, a là son plus complet épanouissement. Michelet les extériorise, les situe et les nomme, ces composants : il les appelle Danton, Robespierre, Saint-Just, Camille Desmoulins, Condorcet, etc. Mais cette substitution de noms à des aberrations successives ne trompera aucun lecteur habile désormais à déceler les protagonistes du drame intérieur et de son troisième acte : l'assaut du soi par les hérédismes.

L'historien le plus profond, le plus lucide et le plus équilibré de notre pays, j'ai nommé Fustel de Coulanges, demandait habituellement à ses élèves : « Avez-vous un texte ? » Chez Michelet, l'absence de texte est proportionnelle à la débauche imaginative. Tout document précis lui serait insupportable, comme dérangeant une de ces idées préconçues, d'apparence généreuse, dont est tissé son fanatisme. Il procède par bénédictions et malédictions, par apologies et par anathèmes, par extase et par dégoût. Sa prétendue histoire est un tribunal fou, où comparaissent ses propres fantômes intrapsychiques.

Sensiblement moins arbitraire — découlant encore néanmoins de l'humeur héréditaire — est l'histoire, d'ailleurs bien mieux documentée, de la même époque par Taine. Ici, ce n'est plus le fanatisme, mais c'est la timidité qui domine, un scrupule d'homme de bureau et de bibliothécaire, dressé — tel une oreille de lièvre — vers les gens des assemblées et les foules de la rue. Cette timidité lui fait apparaître la Révolution comme une succession d'émeutes : et, si elle ne lui masque pas les erreurs mentales, beaucoup plus importantes, par lesquelles furent déchaînées ces émeutes, cette angoisse annotée, bourrée de gloses et de références, est à peine moins déformatrice que l'enthousiasme de Michelet. On sent que les Conventionnels empêchent Taine de dormir et il les raconte sérieusement, comme l'enfant ses cauchemars, en claquant des dents et vacillant sur ses jambes. En outre la tare des gens de son époque — l'abus des comparaisons issues des sciences biologiques — ajoute ses déformations ingénieuses au vertige de la panique.

Chez les historiens et les savants, contrairement à une opinion répandue, l'impartialité et l'impassibilité sont aussi rares que chez les écrivains et les poètes. Les passions et les humeurs sont d'ailleurs chez eux d'autant plus vives qu'elles sont mieux dissimulées, qu'ils cherchent à se donner l'apparence de les avoir bannies. Celui-ci, prompt aux marottes, se donne à la doctrine de l'évolution. Il entend y plier l'univers, la morale, la religion. Vous avez reconnu Brunetière, hérédo achevé, jusque dans l'affectation de son style, imité du XVIIe siècle et tout hérissé de conjonctions. Si le fanatisme sensuel domine chez Michelet et la peur chez Taine, Brunetière est victime de la contradiction : deux ascendants, également dominateurs, tirant chez lui en sens contraire, écartelant tout jugement porté, tout préjugement, toute sympathie et toute analyse. Il est docteur ès « mais oui mais non » et se dirige ainsi, non d'après sa ligne propre, mais d'après celle qu'il suppose à son interlocuteur et qu'il s'agit avant tout de contrecarrer. Il hait, il aime, il rejette, il admet, en fonction d'autrui et en opposition avec autrui. Je le compare à l'enfant qu'on fait obéir par la suggestion contraire ; c'est le critique de Jean de Nivelle. L'amour de la patrie, tout en demeurant un amour humain, relève du soi sans interposition d'instinct génésique. Il participe au drame intérieur par le sacrifice qu'il exige, notamment par son conflit permanent avec toutes les petites défaillances qui parsèment les caractères les mieux trempés.

La communion nationale, foyer du patriotisme, est l'ensemble des soi et aussi la conjonction des hérédismes sages. Les premiers se séparent des seconds par le risque délibérément choisi et par cet esprit de sacrifice qui personnalise l'acte noble ou vertueux. Il en résulte une moisson de héros. La lucidité caractérise le héros. Il connaît les biens pour lesquels il donne sa vie. D'autre part, le silence de l'instinct génésique assure à l'amour de la patrie un champ de conscience parfaitement libre, net et pur, débarrassé de tout personnage ou fragment de personnage héréditaire, de tout atavo-automatisme, suspect, de toute scorie congénitale. Les combattants rendent compte de cet état d'esprit en disant qu'ils sont « au-dessus d'eux-mêmes ». Les mesquineries ne comptent plus. Le sentiment vif et fort du soi brille au centre de la personnalité, délivrée de tous ses fantômes. C'est une sorte d'extase raisonnable, où la pensée se tourne naturellement vers le divin.

Je me rappelle avoir eu, voici quelques anuées, alors que je méditais déjà ce chapitre de l'Hérédo, une discussion avec un médecin qui venait d'opérer sur lui-même une expérience dangereuse. Esprit fort confus, très orgueilleux, dominé par une ascendance complexe, il affirmait que son sacrifice humanitaire était supérieur à tout sacrifice patriotique. Je lui dis : « C'est un atavisme huguenot, docteur, et dans la ligne mâle, qui vous souffle certainement cette lourde erreur. » Il devint très rouge, mais dut convenir que le dit atavisme était réel et dans les conditions indiquées. Les hérédismes ethniques et religieux sont en effet aisément discernables, avec un peu d'habitude. Profondément imprimés, souvent répétés dans l'ascendance, ils pénètrent et imprègnent les appréciations, les jugements, les élans, les calculs, les réticences et jusqu'aux instincts. En vain essayerait-on de les dissimuler à l'observateur averti.

La pitié est une forme de l'amour humain qui s'attache aux imperfections, aux erreurs, aux manques, aux maux, à la déchéance du moi de notre prochain. Aussi fait-elle aisément appel aux hérédismes, encore que son point de départ ait lieu naturellement dans le soi. Il n'est pas de sentiment plus altérable, ni plus sujet à corruption. Il n'en est pas de plus respectable, ni de plus beau, quand elle se présente limpide et fraîche, à la sortie de la sagesse blessée, et quand elle se dispense généreusement sur les plaies physiques et morales. Il faut seulement savoir qu'en l'opprimant on la transforme en colère et en révolte, qu'en la déviant on la corrompt jusqu'au pire. L'instinct génésique, s'il se saisit d'elle, la conduit à toutes les perversions. Elle devient alors un piment pour la débauche, un ferment de convulsion sociale. *Corruptio optimi pessima.* Mais ceux qui nient ses bienfaits, comme Nietzsche, sont, malgré leur science, des ignorants ou des fous.

J'ai eu devant moi, pendant toute ma jeunesse et une partie de mon âge mûr, le spectacle d'une pitié dérivant du soi, infiniment délicate et équilibrée, ne dépassant point la mesure et cependant inépuisable, car elle s'alimentait à une observation clairvoyante ; je parle de celle d'Alphonse Daudet. Quand mon père commença de souffrir, elle prit aussitôt place parmi les apaisements à sa douleur, entre l'acceptation et un entrain persistant à la vie, dont peuvent témoigner tous ses familiers. Cette pitié, dérivation de l'amour, se précipitait, comme l'amour, sur l'objet de son choix et cherchait d'abord à rendre l'espérance, à consoler. Il disait : « Mes souffrances me servent en ceci qu'elles m'épargnent la moitié du chemin, pour aller au cœur des malheureux. Ils n'ont pas à m'envier dans le moment que je les frictionne. Ils ne me soupçonnent pas de compassion voluptueuse. » C'est un fait que la moindre interposition d'hérédisme dans la pitié est perçue aussitôt par l'obligé ou le secouru et devient un motif de haïr son bienfaiteur.

La pitié inactive — où manquent à la fois l'impulsion créatrice, c'est-à-dire l'improvisation et l'ingéniosité, où manque le tonus du vouloir — la pitié uniquement verbale est décevante et odieuse. La dureté lui est préférable. Beaucoup d'êtres, se laissant aller à un attendrissement banal et inefficace devant le malheur ou la détresse d'autrui, s'étonnent de la rancune qu'ils inspirent. Le contraire serait étonnant. Combien de fois n'entend-on pas dire qu'on veut bien secourir les misérables, mais autrement qu'en leur donnant de l'argent, par exemple en leur procurant du travail. Mon père proposait du travail, quand la chose était possible, mais il commençait par donner, et tout de suite, une somme en argent. « Il faut laisser, — disait-il, — à celui qu'on secourt, la possibilité de choisir sa dépense. » Il ajoutait qu'il est parfois aussi indispensable de se payer une fantaisie que de satisfaire sa faim ou sa soif. Le donateur a trop souvent tendance à imposer à son obligé — ce mot affreux dit tout — un emploi de son argent conforme à ses vues.

Il m'a été donné d'observer un malheureux hérédo, fils d'un manieur d'argent, chez qui la pitié, happée et déformée par d'affreux atavismes, était devenue une véritable propension sadique. Ce garçon s'amusait, par exemple, à faire une pension à un ancien précepteur tombé dans le dénuement, puis à la lui retirer brusquement. Il faisait luire, dans des milieux étriqués et gênés, l'espérance d'un enrichissement subit, quitte à décevoir celle-ci, après plusieurs semaines, par une lettre froidement polie. C'est pour moi un sujet d'étonnement qu'il ait échappé, parmi tant de haines, à l'assassinat. Jamais j'en ai mieux compris qu'à la lumière de son rictus l'épouvantable puissance de l'or. J'en ai rencontré d'autres, au cours de l'existence, hommes et femmes, comblés de richesses, accessibles à la pitié, mais qui compliquaient la charité — par désir d'originalité — jusqu'à faire d'elle un instrument de torture et d'oppression. Celle-ci avait la marotte des logements ouvriers et dépensait des sommes considérables à l'établissement de ces salles de bain, vite transformées en débarras, si ce n'est en sentine pour les enfants, en vomitorium pour le père ivrogne. Celle-là venait en aide à certaines infortunes déterminées, et non à d'autres, pratiquait l'aumône à compartiments, la philanthropie logique et scientifique. Cette autre s'intéressait aux nourrissons, mais pas à leurs mères, aux femmes en couches, mais pas aux femmes relevées, aux orphelins, aux aveugles, aux paralytiques à condition que… dans la mesure où… jusqu'au point où… Leur générosité, réelle au début, promptement oppressive, tournait ainsi peu à peu, sous l'influence génésique et héréditaire, à l'assouvissement de tics, de manies, à une reviviscence d'ascendants avares ou prodigues, ou les deux à la fois, à une tyrannie intolérable. Je connais le cas d'une grande dame, archimillionnaire, qui en était arrivée, le jour du règlement de ses bienfaits, à jeter la monnaie et les billets par poignées aux infortunés, qui devaient les ramasser, à quatre pattes, sous tous les meubles. Il lui fallait l'excitant de l'affront !

On m'a cité cet autre cas d'une personne colossalement riche, qui pratiquait le supplice de Tantale sur ses visiteurs et parasites. Elle leur interdisait toute conversation sur les questions d'intérêt. Il devait être entendu, quand on était chez elle, à sa table ou dans son salon, que personne jamais ne manquait de rien, ni n'avait besoin d'argent. À ce prix, on demeurait dans son amitié. Elle conserva néanmoins, bien que laide et odieuse, une petite cour, parce que les gens espéraient toujours que la consigne se relâcherait. On n'en finirait pas d'énumérer les lubies des riches et les pièges de leur apitoiement. La possession de l'argent, par les possibilités qu'elle ouvre dans tous les ordres et les désillusions qu'elle entraîne, épanouit facilement les hérédismes. Sa force est aussi redoutable qu'un élément et ajoute du pathétique au drame intérieur. Ce n'est pas tout que de convoiter et d'acquérir la fortune, encore faut-il la dépenser sans dommage, sans choc en retour.

L'avarice, c'est l'amour de tout ce qu'on possède ou de tout ce que l'on croit posséder. Celui qui restreint la fécondité naturelle est un avare, au même titre que celui qui cache son argent ou ses titres dans des pots de beurre. Le jaloux est un avare, chez qui l'instinct génésique est exaspéré ; mais cet instinct fonctionne plus ou moins dans toutes les formes de l'avarice, et il les peuple d'images troublantes et obsédantes, empruntées à la lignée héréditaire. C'est pourquoi l'avare et le jaloux sont des types si fréquents d'hérédo, si nets et si bien décrits par les romanciers et les auteurs dramatiques. L'autofécondation, la typification, le morcellement des hérédismes, l'automatisme intellectuel opèrent chez eux continuellement. Othello cache, voile, recouvre sa femme, comme Harpagon et Grandet cachent, voilent, recouvrent leur or. Les doctrines individualistes et les lois résultant de ces doctrines — par exemple le partage forcé — restreignent la dépense physiologique et l'expansion familiale, comme le moi héréditaire limite, restreint, déforme la personnalité. Ces concordances signifient quelque chose. Chez l'avare, comme chez le jaloux, comme chez l'apitoyé perverti, comme chez le grand orgueilleux, amoureux de sa propre intelligence et de sa situation en ce monde, c'est le soi qui est recouvert et obstrué, c'est le soi qui est victime d'une longue économie atavique, pécuniaire, morale ou sentimentale, c'est le soi qui est recouvert d'une rouille congénitale. C'est le soi qu'il faut redresser, pour guérir ces déformations et dépravations de l'amour humain.

La dépense imaginative des jaloux est un phénomène bien connu. Mais elle n'est qu'un épisode de l'imagination héréditaire en général, dont nous allons maintenant étudier le mécanisme, à la fois simple et compliqué.

CHAPITRE IX

LES CONSTELLATIONS HÉRÉDITAIRES

Le mécanisme de l'imagination, ou faculté des images du moi, son rôle en face du soi, composent, comme l'amour humain, un épisode essentiel du drame intérieur. Mais ici une attention plus soutenue encore que précédemment est nécessaire.

Parmi les images qui se présentent à l'esprit et qui agissent aussi sur le corps, les unes sont nées au dedans de nous, c'est-à-dire héréditaires, les autres sont formées de la conjonction d'une parcelle héréditaire et d'une parcelle sensible venue du dehors. Cette conjonction s'opère par analogie et par homogénéité. Les premières sont des hérédismes, ou des fragments d'hérédismes. Les secondes des hérédoprésences. Il nous faut les examiner successivement, avant d'examiner comment elles se comportent vis-à-vis du soi et comment le soi se comporte vis-à-vis d'elles.

Les images héréditaires isolées se présentent à la conscience généralement par groupes ou par systèmes, eux-mêmes réunis en grandes figures congénitales reviviscentes, analogues aux constellations. Chacune de ces images tourne, ou plutôt gravite, devant le soi, lui présentant successivement tous ses aspects, avec une vitesse proportionnelle à l'acuité du jugement porté par le soi. Plus nous jugeons, pesons, calculons une image intérieure, telle que celle de la mort, ou de la succession des choses, ou de leur remplacement par d'autres, plus rapidement celle-ci nous présente ses faces diverses, mais arrondies, c'est-à-dire uniformément et circulairement tangentielles à notre vision intime. C'est ce qu'une psychologie rudimentaire a longtemps appelé l'association des idées. La rotation devant l'esprit qui crée, qui veut et qui juge, de ces éléments héréditaires peut être en effet perçue, d'une façon erronée, simpliste et illusoire, ainsi qu'une maille aux chaînons successifs.

Prenons par exemple l'idée de notre propre disparition, telle qu'elle nous est léguée par la disparition de nos ascendants et par l'idée qu'eux-mêmes s'en sont faite. Cette idée est une face d'un système héréditaire qui tourne devant notre soi, nous représentant, suivant les ancêtres, les joies ou les peines de la vie, ou l'ambition, ou l'avarice, ou le recours à l'amour, à l'amitié, à la débauche, ou le sacrifice. Notre soi saisit et pèse chacun des aspects de cette sphère morale, dont l'irradiation fonctionnelle va plonger dans notre organisme, le réglant et le déréglant. Attractions et répulsions agissent à l'intérieur de ce système héréditaire, comme entre ce système et le soi, conformément à des lois d'équilibre que modifie sans cesse la liberté infinie du soi. Le pôle du moi nous conditionne, mais le pôle du soi nous émancipe. Le pôle du moi est négatif, le pôle du soi est positif.

Prenons, pour changer les conditions de l'expérience, un sentiment de violence et de haine. Il nous vient de divers ancêtres, à travers lesquels il s'est modifié, et il tourne dans notre moi, offrant à notre soi, pendant sa rotation, des segments de sphère, qui vont de la fureur homicide à l'indifférence, au pardon, puis reviennent à la fureur homicide. Mais notre soi ne passe point à l'acte qu'il n'ait pesé les motifs de haine et calculé les conséquences. Pesée et calcul se produisent quelquefois avec une extrême rapidité, de telle façon que l'acte semble spontané, ou même réflexe. Mais nous savons qu'avant même l'hérédomouvement — qui est le nom vrai du réflexe — il y a un préjugement moral. Par ailleurs, au cours de cette gravitation, l'irradiation fonctionnelle de cette hérédo-haine va plongeant dans notre organisme, modifiant la tension vasculaire, congestionnant ou anémiant tel organe, poussant à la sécrétion de la bile, ou des autres humeurs, troublant les glandes à sécrétion interne comme la thyroïde, accélérant les battements du cœur et contractant ou décontractant la vessie.

Supposez notre soi vaincu, dans le premier cas, par les hérédismes, ce peut être le suicide. Dans le second, ce peut être le crime. Notre conduite est la résultante des actions et réactions du soi et de ces systèmes intérieurs.

Les hérédo-présences ont une gravitation devant le soi semblable à celle des hérédismes : avec cette différence que celle-ci est précédée de la rencontre et de la conjonction d'une sphère héréditaire et d'une impression sensible venue du dehors, laquelle accélère ou retarde le mouvement. La vue d'un poison, d'un revolver, d'un couteau, une odeur grisante et voluptueuse, le son d'une cloche rappelant l'heure, l'aspect d'un humain, peuvent déclencher, dans les exemples précédents, le suicide ou le crime. Vous trouverez le premier mécanisme très bien décrit, *c'est-à-dire projeté*, dans le suicide du Svidrigaïloff de *Crime et Châtiment*, le second dans le meurtre accompli par Macbeth. Dostoievsky, comme Shakespeare, n'ont fait que décalquer la représentation intérieure hallucinatoire qu'ils s'étaient faite de cette double tragédie.

J'ai dit, en commençant, que les grandes figures congénitales, dont dépendent les hérédismes isolés et les hérédoprésences, étaient comparables à des constellations. Il suffit de nous considérer nous-mêmes, dans un moment quelconque de notre conscience, pour comprendre ce que cela signifie. Voici, par exemple, une passion violente qui nous agite, telle la jalousie, et qui tourne en nous représentant toutes les circonstances possibles de l'amour qu'éprouverait l'objet de notre jalousie pour un autre. Dans le même système psychostellaire, si l'on peut dire, gravite le sentiment de la propriété, si fort dans le désir de posséder un autre être, sentiment lui-même héréditaire, et susceptible d'être renforcé encore par une hérédoprésence ; puis, un peu plus loin, c'est le goût du sang, venu du plus lointain de la lignée, avec la faim et la soif, participant des deux, qui tourbillonne rapidement devant le soi. À quelque distance, en contraste avec les précédents, le besoin de repos, si fréquent et si fort dans la race, et le sentiment de l'acceptation. À quelque distance encore, un âpre et cruel plaisir de notre souffrance, euphorie généralement perçue à l'occasion de toute désintégration sentimentale ou morale au sein du moi.

Pendant ce temps, l'instinct génésique, qui ne demeure jamais inactif, tout au moins chez les êtres normaux et jusqu'aux confins de la vieillesse, active, gonfle, fait éclater, réagence ces hérédismes, qui se combinent entre eux, se défont et se recombinent, à la ressemblance successive de tel ou tel de nos ascendants. C'est toute une cosmogonie intérieure. rassemblée en quelques grandes atavofigures, qui compose ainsi la personnalité intellectuelle, morale, organique du moi, susceptible d'être surveillée, dirigée, contrainte, équilibrée par le soi, mais susceptible aussi de masquer et recouvrir le soi, d'émousser sa volonté agissante et de tromper finalement sa sagesse. Une infinité de sphères psychomorales, dessinant par leur ensemble des hérédoconstellations, le tout en perpétuel mouvement, tel est, à mon avis, le tableau le plus juste que nous puissions nous faire, en fin de compte, de notre moi. C'est sur ce monde intérieur que notre soi possède, s'il le veut, vigilance, gouvernement et intervention.

Plus le soi est vigoureux et actif, plus ces systèmes héréditaires du moi sont divers, brillants et véloces, plus ils sont mus rapidement, plus aussi ils se segmentent, se réassocient et se transforment en d'autres figures ancestrales, ainsi que dans le jeu d'enfant bien connu que l'on appelle le kaléidoscope.

Quand on fait tourner entre ses mains, en l'appliquant à son œil, le kaléidoscope, on voit s'ébouler, les uns sur les autres, les fragments brillants, composant une figure géométrique, qui sont, à la base de l'appareil. Un nouvel assemblage se reconstitue de formes, de dessins, de couleurs. Et ainsi de suite, presque indéfiniment, Il en est de même des hérédismes ou des hérédoprésences composant nos psychofigures ancestrales. C'est ce qui amène, chez les fortes natures, c'est-à-dire chez les humains pourvus d'un soi puissant, ces voltes et transformations soudaines de la personnalité et de la volonté, qui domptent l'entourage, l'adversaire et jusqu'aux circonstances de la vie. C'est ce qui fait, chez les faibles natures, les perpétuels éboulements de projets, de résolutions et d'irrésolutions, la poussière des aboulies et des phobies, le repliement dans la cachexie et dans le marasme. C'est ce qui fait les convalescences rapides et les guérisons inespérées, alors qu'un ancêtre, en s'en allant, emporte le mal qu'il avait amené, alors qu'une des sphères dessinant son contour moral au sein du moi éclate en déchirant et éparpillant son contour physique au sein de l'organisme.

L'analyse nous permet de dissocier certaines hérédoconstellations, plus rapprochées de notre soi et de discerner les sphères psycho-morales qui les composent. La synthèse nous permet de reconnaître quelques-unes de nos grandes figures héréditaires. Mais il en est d'autres, situées dans les profondeurs de la lignée ancestrale, comme des systèmes stellaires au fond des espaces infinis, que l'introspection ne nous permet pas de résoudre, du moins jusqu'à présent. Cette introspection elle-même a été l'apanage d'un petit nombre d'humains et c'est ce qui explique que le moral n'ait pas encore eu sur le physique la domination qui lui est réservée. Car le soi ne peut vaincre, c'est-à-dire dissoudre, pour une autre répartition et un nouvel équilibre, les hérédoconstellations, que s'il les a reconnues clairement, que s'il est capable de nommer au moins leurs principaux éléments, leurs hérédosphères de première grandeur. C'est ainsi que, sur le plan organique, un remède fait élection de tels ou tels tissus, qui réagissent à son contact, de telle ou telle manière.

Prenons, pour fixer les idées, un accès de colère provoqué, chez un homme valide, par la vue d'une injustice ou de ce qu'il croit être une injustice. L'instinct génésique, moteur animal de l'être, évoque aussitôt un ou plusieurs ascendants, ce que j'appelle une hérédoconstellation, qui se met à tourbillonner devant le soi. Ce système atavique comporte lui-même un certain nombre d'hérédosphères psychomorales, telles que le remords, l'inquiétude, la honte, l'espérance, des états innominés de l'esprit sensible, qui sont les nébuleuses intérieures, et les réactions organiques, congestions, anémies, contractures partielles ou dilatations de vaisseaux sanguins ou lymphatiques correspondantes. Ou notre homme se laissera, comme on dit, emporter par sa colère, ou il la dominera. Dans le premier cas, le moi l'emporte sur le soi, les hérédosphères masquent la volonté et l'équilibre sage. Il sortira de là une violence, un hérédomouvement quelconque, une apoplexie, une rupture de vaisseau, un arrêt du cœur. La parole elle-même sera embarrassée, le geste incertain ou délirant. Les diverses glandes sécréteront. Dans le second cas, le soi l'emporte sur le moi, la volonté nomme, saisit, dissout les hérédosphères, comme le soleil perce les nuages. L'homme prend un parti raisonnable et délibéré, capable de faire cesser l'injustice, sans se désorganiser lui-même. C'est de cet acte du drame intérieur que sont nés les codes et mesures législatives, susceptibles d'assurer l'ordre social par la contention des réflexes individuels devant l'injustice et le désordre. Le Droit est issu de la maîtrise du soi, de la victoire du soi. L'anarchie est fille de la victoire du moi, c'est-à-dire de la multiplication spontanée, du foisonnement génésique des hérédosphères.

Il peut arriver aussi que l'impulsion créatrice du soi, utilisant le langage intérieur ou le monde des formes, élimine cette colère par l'œuvre d'art, par un poème, un drame, une statue. Observant cette œuvre d'art, après bien des années, le critique attentif et averti y retrouverait la projection de l'ensemble d'hérédismes qui gravitaient devant le soi de l'auteur, mais qui n'ont pu résister à l'effort de dissociation et d'expulsion du soi.

Quatre exemples de ce procédé psychoplastique : Aristophane, Molière, Swift et Hogarth. Je suppose que mon lecteur les connaît bien et jusqu'à sentir tressaillir à leur nom, au fond de lui-même, des parcelles imitatives de leurs tours d'esprit.

En Aristophane prédomine le lyrisme, disons les hérédismes expansifs, mus par un soi exceptionnellement fort et brillant. La gravitation intrapsychique est intense, les hérédoconstellations sont nombreuses, mais l'impulsion créatrice est d'une qualité telle qu'elle brasse, éparpille, expulse les images ancestrales, à mesure qu'elles se présentent devant son ardent et libre foyer. D'où une sorte de rire jupitérien, provoqué par le saccage des assemblages, qui a traversé les siècles, associé à la plus libre fantaisie, parmi les chœurs de grenouilles et d'oiseaux. Ce dramaturge ensoleillé rend à l'univers, avec prodigalité, ce que ses ancêtres lui ont légué. Sa verve est inépuisable, attendu que les hérédoprésences viennent à chaque instant la renouveler et renforcer les hérédismes simples. Il est circonstanciel et éternel, allusionniste et fait pour être toujours compris, elliptique et torrentiel. Les trois ou quatre grandes figures psychostellaires, qu'il déforme et projette dans son drame, sont à prédominance civique, amoureuse, guerrière et irritée. Sa puissance satirique est issue du conflit entre un orgueil ancestral — conforme à ce que nous savons de ses origines — et une profonde compréhension, admirable ment équilibrée, de la petitesse des mobiles et des moyens humains.

Molière a lui aussi, dans son moi, quelques ascendants lyriques, sensibles notamment dans *Don Juan, le Bourgeois gentilhomme* et *Tartuffe*. Mais les hérédofigures souffrantes, jalouses, déshéritées, amères, grimaçantes — la grimace est un affleurement ancestral sur la physionomie — l'emportent, en lui, sur les atavismes joyeux et hardis. Sa grande caractéristique est dans la reprise d'un mouvement noble ou généreux par la peine et par le sarcasme : reprise évidemment provoquée par le rabattement d'une image atavique douloureuse sur une épanouie, par un contraste d'autofécondation. Tous ses personnages ont la même voix, la même inflexion, le même accent, maîtres ou serviteurs, raisonnables ou obsédés, tellement ils dérivent des protagonistes psychiques qui composent son imagination. Ses comédies sont la projection d'un drame intérieur, où le soi lutte tant qu'il peut, fréquemment recouvert par le moi. *Le Misanthrope* est, à ce point de vue, une autopsychographie fort singulière, la confession acerbe et méticuleuse d'un hérédo qui est Alceste. Incomparable dans la peinture des caractères masculins, Molière est gêné dans celle des caractères féminins, comme s'il manquait de reviviscences féminines intérieures pour communiquer avec eux, comme si tous ses hérédismes étaient mâles. Il y a là un malaise évident et dont ses malheurs conjugaux ne sont point, selon moi, responsables. La cause en est plus intime, plus secrète. Les personnages féminins qu'il met à la scène m'ont toujours fait l'effet de travestis. Ils ont été conçus comme des messieurs et plus tard seulement habillés en dames.

Swift a laissé son moi recouvrir son soi jusqu'au dernier terme de cette éclipse, qui est la folie. Le chapitre des chevaux raisonnables des Houyhnhums, dans *Gulliver*, présente une grande analogie avec la composition aristophanesque, sauf que les hérédofigures y gravitent dans une sorte de pénombre douloureuse, et non plus dans une vive lumière. Swift s'est peint lui-même dans son héros rattaché au sol par les mille liens de Lilliput et qui n'a pas la force de les briser. Il s'est certainement fait une représentation très juste de son drame intérieur, le plus tragique qui soit : l'emprisonnement, l'étouffement du soi par le foisonnement continu des atavismes et le manque de réaction de l'équilibre sage, aussi bien que du tonus du vouloir. J'incline à penser que, chez lui, l'effervescence héréditaire était activée par une pointe pathologique, vraisemblablement par le tréponème. Chez lui, comme chez Maupassant et comme chez Nietzsche, l'impulsion créatrice a été incapable, à un moment donné, de libérer tous les hérédismes, de faire éclater toutes les constellations intérieures qu'animait l'instinct génésique. Quand il disait tristement, regardant un grand arbre : « Je mourrai, comme celui-ci, par la tête », il sentait déjà le tourbillonnement des hérédo-images monter en lui, avec l'impossibilité de les expulser, ou de les dompter en les ordonnant. Cette phrase amère était le renoncement de son soi.

Hogarth est un des humains qui sont descendus le plus profondément en eux-mêmes, qui se sont le plus froidement examinés et analysés. Son œuvre en est la preuve. *Le*

Mariage à la mode, l'École du roué, l'École de la fille, encore que projection d'hérédoprésences et de souvenirs personnels, traduisent surtout, avec une formidable intensité, l'élimination d'un torrent d'images ancestrales intérieures. Ces hérédofigures grimacent et complotent comme celles de Molière. Elles sont ordonnées par un soi robuste et savant, qui note, sans pitié, les pentes du vice et leurs degrés, l'accélération des penchants, la chute des âmes. C'est le déterminisme avant Claude Bernard, mais jugé de haut et conçu comme une cage mentale, de laquelle on peut et on doit s'échapper, au lieu que Claude Bernard, — hérédo chez qui les ascendants volontaires et négatifs dominent, — se délecte manifestement de sa servitude. Il ajoute ce qu'il appelle une loi — c'est-à-dire une somme de conséquences — à une hypothèse d'ailleurs ingénieuse, ainsi qu'un barreau à sa cage. Hogarth sait qu'il peut briser ces barreaux fabriqués de sa propre substance. Hogarth n'a jamais abandonné la gouverne exacte de son soi.

Vous reconnaîtrez les hérédosavants à ceci qu'ils fabriquent des « lois », physiques, chimiques, mathématiques, biologiques, anatomiques, histologiques, à jet continu. Leurs ascendants intérieurs les poussent à réglementer et compartimenter la nature, tout en la simplifiant à l'excès. Chaque hérédo-image ou groupement d'hérédo-images prend à leurs yeux un caractère de rigidité absolue : « c'est ainsi et non autrement ». Leur sagesse, qui cependant leur appartient en propre, comme aux autres humains, ne leur suggère pas une minute que les choses ne sauraient avoir cette rigidité ; ni que cette prétendue loi peut n'être qu'une contingence répétée, ou qu'un très petit aspect de la vérité, ou qu'une erreur vue à l'envers. On dirait qu'ils n'ont aucune introspection. Malgré les titres dont ils se parent, le battage organisé autour d'eux, les récompenses académiques ou autres, voire la gloire qui les couronne, ils me font l'effet de tout petits, petits enfants. Encore le tout petit enfant a-t-il, en général, cette idée juste que ce qui arrive une fois n'arrivera pas nécessairement toujours.

Donc le soi responsable commande et hiérarchise la gravitation des hérédofigures. Il est à la fois moteur, régulateur et juge : moteur susceptible de s'enrayer, régulateur susceptible d'un bref dérèglement, juge parfois somnolent ou inattentif. D'où des désordres, une anarchie, des cataclysmes de toute nature. L'origine de la plupart de nos maux physiques, comme de nos erreurs, est dans l'obscurcissement du soi. Soyons convaincus que les fausses doctrines, telles que le déterminisme, ou l'évolution, ou le matérialisme, ou l'inconscient, flottantes sur l'immensité de l'hérédité humaine, amènent à la longue des troubles somatiques inclinant l'organisme à la réception des germes morbides, mettent nos tissus en état d'infériorité. On dit d'un malade qu'il s'abandonne ; mais bien souvent la maladie est entrée en lui parce qu'il s'abandonnait, parce que sa raison était obscurcie et son vouloir inattentif.

Entendons-nous bien. Il ne s'agit nullement de se replier sur soi-même, ce qui serait le chemin de l'obsession. J'ai assez insisté sur le caractère d'expansivité, de générosité, de surabondance dans l'improvisation du soi, pour qu'il n'y ait pas confusion sur ce point. Malheur à celui qui, ayant une propension à un mal physique, à une altération morale, se penche dessus, s'y complaît, s'y absorbe sans réagir. Il faut sortir de sa préoccupation, regarder les autres, s'intéresser aux autres. Le soi est communicatif et participant, par cela même qu'il est l'essence de la personne, au lieu que le moi, chargé d'hérédismes, est au contraire individualiste ; le moi gravite, mais ne se répand pas. Dans le domaine psycho-moral, comme dans le domaine physiologique, on doit se répéter que qui se dépense gagne.

Aussi faut-il attacher de l'importance à l'oubli héréditaire, à la fuite des constellations ataviques jusqu'aux confins de la connaissance, — confins qui d'ailleurs, nous l'avons vu, ne sauraient être qualifiés d'inconscients. Il y a des êtres légers, au physique comme au moral, chez qui les qualités et les tares venues des ancêtres marquent peu et qui n'y attachent pas d'importance. Malléables et furtifs, ils passent à travers le feu sans se brûler. Ils s'en tirent avec un tic facial ou une crampe spasmodique, là où un autre eût récolté de l'épilepsie. Ils s'en tirent avec une bronchite chronique, là où un autre eût récolté une caverne pulmonaire, ou une péritonite tuberculeuse. L'inattention profonde peut devenir ainsi, dans certains cas, une sauvegarde.

À y regarder de près, cet oubli, par fuite psychostellaire, est ainsi une conséquence du soi, un acte de souverain équilibre. Le soi sait que telle préoccupation est elle-même un système d'hérédismes, et il la repousse ou la désagrège, afin qu'elle n'agisse plus sur lui, afin de se soustraire à son influence.

Dans l'acte de mémoire, le soi est senti comme complètement distinct de la partie du moi à laquelle il s'applique et sur laquelle il projette sa lumière. De même est sensible, en y appliquant l'attention introspective, le fait que la partie du moi rappelée est un segment d'une hérédosphère, qui tourne devant la conscience. C'est ainsi que nous n'arrivons à nous souvenir d'une certaine parole, ou d'une certaine lecture, qu'en évoquant les circonstances de temps et de lieu jointes à cette parole ou à cette lecture. Mais cette parole et cette lecture elle-même constituaient des hérédoprésences, au sein d'un système de gravitation psychostellaire, que nous évoquons du même coup. Il en résulte que l'acte de mémoire fait partie des réussites du soi et que l'acuité et la qualité de la mémoire mesurent l'acuité et la qualité du soi, dans son ensemble, ou dans l'une de ses trois composantes. La perte de mémoire ou amnésie peut tenir au contraire, soit à l'affaiblissement du soi, soit à la disparition, à l'éclatement d'un système hérédostellaire dans les profondeurs de la personnalité. Souvent, à quelques mois ou quelques années de distance, ce système ou ce fragment de système repasseront dans le champ du soi, et l'amnésie cessera brusquement, et le sujet se demandera ce qui lui vaut une telle aubaine.

Il est à remarquer que ces soudains réveils de la mémoire sont accompagnés d'un court vertige, plus ou moins vif, suivant les individus. Ce vertige exprime physiologiquement le passage d'un état d'équilibre mental à un autre. Car, dans notre univers intérieur, comme dans l'autre, il y a une tendance permanente et immortelle à la reprise de l'équilibre, tendance qui est une vertu fondamentale du soi.

Les grands troubles mentaux, fonctionnels, ou organiques, sont le résultat d'un bouleversement profond dans la gravitation psycho-stellaire, sur laquelle le soi affaibli n'a plus surveillance, ni maîtrise. Il y a lieu, à mon avis, de reviser complètement la psychiatrie, en partant de ces données nouvelles, et de ne plus considérer seulement l'aliénation comme une altération du cerveau, mais bien comme un désordre hérédopsychique de toute la personnalité. Les altérations anatomiques observées dans certains cas de folie seraient ainsi des effets et non des causes, des effets dus à l'éclatement, en un point donné, des prolongements organiques des hérédosphères. C'est un fait que les traumatismes réduits du cerveau et même les pertes de substance cérébrale altèrent peu l'ensemble des facultés, quand la mort n'en est pas la conséquence. Au lieu qu'une obsession ou la fine intrusion d'une spirille, acquise ou congénitale, amènent, en peu de temps, les désordres les plus graves. C'est un fait aussi, observé par tous les aliénistes, que la persistance d'actes de conscience, jusque dans les périodes ultimes d'une maladie telle que la paralysie générale, persistance tenant à la survivance et aux réapparitions d'un soi, qui peut être masqué, affaibli, mais non détruit ni supprimé. Là est la grande ressource de la médecine de l'avenir.

Il est même des cas, comme celui, classique, de Pasteur, où une légère hémiplégie, succédant à un épanchement cérébral, coïncide avec une amplification notable du génie créateur et correspond à une ascension du soi. C'est sans doute le soi qui, dans sa lutte et dans sa victoire, a maltraité un système hérédostellaire jusque dans son prolongement organique. Cette augmentation de la personnalité, que la science matérialiste prend pour un effet, est une cause.

Considérez les préoccupations, les inquiétudes, les appréhensions, les complications de l'existence. Elles sont à peu près les mêmes pour tous les humains, quel que soit leur rang dans l'échelle sociale, mais elles résonnent différemment en eux, selon la trempe et la qualité de leur soi. L'énergie ne consiste pas seulement à accepter, d'un cœur ferme, les chocs en retour de nos hérédofigures et de nos hérédoprésences, mais encore et surtout à les faire servir à notre perfectionnement. Dès qu'une difficulté se présente à vous, commencez par éliminer les images déprimantes ou absorbantes, les systèmes de figures que l'instinct génésique aurait tôt fait de convertir en obsessions de tous genres et en marasme. Cherchez à faire de cette difficulté le point de départ d'une activité nouvelle, sagement conçue et équilibrée. Exercez votre vouloir méthodiquement, comme l'athlète entraîne son système musculaire. Le résultat ne se fera pas attendre. Un oubli partiel rejettera bientôt au loin une partie de vos hérédosphères, laissant le champ libre à votre activité. Il naîtra peu à peu, au centre de vous, une sensation de joie et de force, légèrement vertigineuse, à goût de persistance et de victoire, sinon d'immortalité. Votre soi vous parlera, et vous l'entendrez avec une sorte de ravissement, car il n'est pas de plus douce musique.

Tout le monde connaît un ou plusieurs cas de cette affection, appelée goitre exophtalmique ou mal de Basedow, devenue extrêmement fréquente depuis quelques années. La plupart du temps le goitre, l'accélération du pouls et l'exophtalmie, qui sont les trois termes principaux du syndrome, sont apparus soudainement, à la suite d'une violente émotion imaginative. On comprend ce qui s'est passé ; un fragment d'une hérédosphère, gravitant devant le soi, a été violemment attiré par lui, dans le même temps que l'instinct génésique le gonflait, l'amplifiait, le rendait plus friable. D'où éclatement, prolongé jusque dans les ramifications ou répercussions organiques de l'hérédosphère et troubles somatiques correspondants. S'il en est ainsi, l'automatisme, les réflexes, etc., doivent être considérablement augmentés chez ces malades, et c'est en effet ce que l'on peut constater.

Nous pouvons maintenant nous faire une vue plus claire et plus précise de ce que nous avons appelé l'élection du soi pour les hérédismes sages et bienfaisants, pour les vertus congénitalement transmises. Le soi attire les segments des hérédosphères correspondant à ces hérédismes-là, puis il lui arrive de les repousser par le risque. C'est alors l'esprit de sacrifice et d'improvisation dans le sacrifice, qui caractérise les héros. Attractions et répulsions dont le signe est d'être librement délibérées et voulues, au lieu que les attractions et répulsions de la zone génésique sont conditionnées par l'instinct animal. L'anarchie du moi amène l'esclavage intérieur, l'archie du soi est une libération.

Dans le cas où le risque, qui n'a, par définition, rien d'obligatoire, ne fonctionne pas, les hérédismes sages, en gravitant devant le soi, composent la souveraine harmonie que nous admirons en certaines natures privilégiées, issues elles-mêmes de parents pleins de bon sens et d'équilibre. Ces cas se remarquent surtout dans nos familles paysannes, alors qu'elles ne sont point encore corrompues par les vices habituels aux grandes agglomérations. Tous ceux qui s'occupent de folklore savent que le don de la légende et du conte est l'apanage de souches rustiques, conservatrices et gardiennes de ce style parfois sublime. Il faut voir là une transmission, de père en fils, des hérédismes sages réglés par le soi, une suite d'hérédoconstellations d'une grande pureté et, comme conséquence, le rythme harmonieux qui caractérise les chefs-d'œuvre collectifs, ainsi que les chefs-d'œuvre d'un procréateur unique. Consultez à ce sujet la collection des contes de Gascogne, réunis par Bladé, et *La Légende de La Mort en Bretagne* de Le Braz. On y retrouve, bien entendu, un grand nombre d'hérédosphères de peur ou d'espérance, de châtiment, ou de pardon, ou de récompense, en pleine activité, puisque celles-ci sont les sources des images dans l'être humain. Mais toutes imprégnées d'une antique sagesse et remises en œuvre et en mouvement par une raison autochtone, par un soi puissant. C'est aussi ce qui nous explique que le soi d'une petite bergère ou d'une humble pastoure, ignorante des tentations humaines, soustraite à l'instinct animal, élevée dans un milieu sain, laborieux et paisible, que ce soi, administrant et équilibrant des hérédoconstellations sages, amène ici-bas des révélations plus profondes, des événements plus surprenants et féconds que le soi d'un grand capitaine ou d'un savant illustre. La raison humaine, dépouillée de ses scories et de ses nuages, réglant ce ciel intérieur, où gravitent harmonieusement, *et dans une liberté égale à leur harmonie*, des hérédoconstellations en partie sages, n'a presque pas de limites, dans la portée de ses actes et de ses réalisations terrestres. Elle est comme le feu divin, providentiel, qui se transmet. Elle peut guérir les plaies, sauver les peuples et bouleverser les royaumes. Cette paix intérieure, que l'on appelle l'humilité, et qui a d'ailleurs toute la majesté d'un beau soir, se trouve ainsi le plus grand réservoir de forces, le plus grand dispensateur d'énergies connu. Je l'appellerai le levier du monde.

CHAPITRE X

LE LANGAGE ET L'HÉRÉDITÉ

Le langage humain est une reprise des éléments héréditaires du moi par le soi et, dans une certaine mesure, il fait partie de la victoire du soi. Ce que nous savons des hérédoconstellations nous aide à comprendre la formation du langage au sein de la personnalité.

Nous avons déjà dit que chaque soi, qualitativement invariable depuis la naissance jusqu'à l'âge le plus avancé, variait, au cours de l'existence, quant à la répartition de ses éléments. Dans l'enfance, c'est l'impulsion créatrice qui domine ; dans la vieillesse, c'est l'équilibre sage, le tonus du vouloir étant à son apogée vers l'âge adulte. L'enfant, dès sa naissance, est pourvu de la plupart de ses hérédofigures, qui gravitent dans les profondeurs de son moi, renforcées d'hérédoprésences, qui vont multipliant et gravitant à leur tour, à la façon de satellites, dans les systèmes des hérédofigures. Les formes verbales de la lignée font partie de ces hérédoconstellations, soit sous l'aspect de sphères complètes, soit associées à des hérédosentiments, sous la forme de fragments de sphères. Le soi découvre ces formes verbales et les attire peu à peu. Il les découvre, quand le jour de l'esprit se lève, comme notre œil découvre les étoiles à la nuit commençante. Les ayant découvertes, tantôt il les absorbe telles quelles, les dissocie puis les réassocie sans les expulser ; et c'est le langage intérieur. Tantôt il les expulse par le cri, la parole ou l'écriture.

Les termes concrets sont des prélèvements attractifs du soi, opérés sur des sphères verbales complètes ou sur des fragments verbaux d'une même hérédosphère. Les termes abstraits sont des prélèvements attractifs du soi opérés sur des fragments verbaux d'hérédosphères différentes. Ils composent ainsi de nouvelles hérédofigures, des systèmes d'un ordre particulièrement relevé, dans l'esprit de certains poètes, musiciens, mathématiciens, politiques et philosophes. On peut imaginer des termes en quelque sorte surabstraits, qui seraient formés de prélèvements nouveaux, ou seconds, du soi sur ces nouvelles hérédofigures, et cela jusqu'à l'infini. Les lois naturelles, découvertes par les uns et par les autres, ne sont ainsi qu'une nouvelle façon de répartir et de nommer, au second degré, les hérédofigures. La science est un langage au second et au troisième degré.

Toute sphère verbale comprend un segment auditif, un segment visuel, un segment articulé, un segment chanté, un segment tactile, un segment gustatif — ces deux derniers infiniment réduits, dans la plupart des cas — et gravite en compagnie d'hérédosphères correspondant à une multitude d'hérédosentiments, d'hérédosensations, d'hérédopenchants. Aussi n'y a-t-il rien de plus évocateur et de plus composite, de plus particulier et de plus relié, *même à l'organisme*, qu'un mot. Si le mot fait pleurer, s'il fait rire, s'il fait sécréter, s'il meut les foules, c'est en raison de ses prolongements somatiques au sein des hérédosphères et des hérédoconstellations. Côté moi, le mot est à lui seul une complète reviviscence. Côté soi, le mot est à lui tout seul un moteur d'actes sages ou héroïques. Quand le moi, dans le mot, l'emporte sous ses formes péjoratives, il mène à l'obsession et à la folie — surtout alors que l'instinct génésique le gonfle et le fait éclater à travers l'esprit. Quand c'est le soi raisonnable qui l'emporte, le mot grave la loi et administre la cité. Dans le premier cas, le mot anarchise : dans le second, il hiérarchise.

Dans le langage, le soi joue le rôle du chant, le moi celui de l'accompagnement. Le verbe, quand vient la phrase, relève en général du soi. Les pronoms, substantifs et qualificatifs traduisent les alternatives variées du moi et des hérédoprésences. La phrase elle-même est un petit système verbostellaire, réglé et dominé par le soi. Le style peut être considéré comme un ensemble de ces systèmes verbostellaires, eux-mêmes gravitant en compagnie des hérédofigures, et où le soi est constamment vainqueur. Ce qui n'empêche que, chez le meilleur écrivain aussi, le ciel intérieur soit parsemé d'éclats et de débris héréditaires, où l'automatisme se manifeste sous forme de tics et de réflexes variés. La beauté, la force, l'intrépidité du style se mesurent à la qualité et à la prédominance du soi de l'écrivain. Il en est de même de la beauté, de la force, de l'intrépidité d'un langage. La langue latine, la langue française sont deux réussites, ou mieux deux apothéoses du soi. Le verbe y a la toute-puissance. Le verbe y tient l'emploi d'un soleil.

Les diverses aphasies sont aux verbosphères ce que les amnésies sont aux hérédosphères : des éclipses. L'aphasie est le résultat de l'interposition d'une hérédosphère ou d'un segment d'hérédosphère entre un système verbostellaire et le soi. Les quelques mots que le malade répète machinalement, dans les aphasies partielles, qualifient et situent l'hérédosphère interposée. Il appartient au médecin de la déterminer. C'est ainsi que le « cré cochon », devenu l'ultime propos de ce grand verbal que fut Charles Baudelaire, faisait évidemment partie d'une hérédofigure, qui lui masquait tout le reste de son système verbostellaire. C'est ainsi encore que certains aphasiques ne voient plus telles consonnes, que d'autres ont perdu la moitié avant ou la moitié après des phrases les plus simples. Il est possible d'imaginer des combinaisons infinies d'aphasies, aussi variées que les possibilités d'éclipse dans telle ou telle partie du ciel intérieur. Mais il n'est aucune de ces aphasies qui ne puisse s'effacer et guérir par une exaltation appropriée du soi. Le « Soldat, soldat, ne tue pas Crésus » donnera au médecin de l'avenir la direction de son traitement.

Il en résulte que les lésions anatomiques observées ici et là, dans l'écorce du cerveau, à l'autopsie des aphasiques, sont des conséquences et non des causes de l'aphasie, comme le croyait l'erreur de Broca et de Charcot. La doctrine enfantine des localisations cérébrales a achevé de s'effondrer avec les constatations anatomopathologiques de la guerre de 1914, attendu qu'on a vu des soldats vivre, se mouvoir et parler correctement après ablation de la moitié ou des deux tiers de leur substance cérébrale. Mais la moindre réflexion eût dû amener de véritables savants à conjecturer que le mécanisme du cerveau était un peu plus compliqué que cette fable par trop simpliste, issue des passions matérialistes de deux professeurs à la Faculté. La fiction des localisations cérébrales est au langage articulé ce que l'invention similaire du neurone est à l'association des idées : une plate chimère à base d'orgueil.

La vérité est que l'éclipse aphasique, quelles que soient ses causes, amène, dans la gravitation psychostellaire, des troubles qui se communiquent aux prolongements ou aux satellites somatiques des hérédosphères. D'où rupture d'une tunique vasculaire et épanchement sanguin constatable, ici ou là, à l'autopsie. Chez les individus à prédominance génésique, ou automatique, cet épanchement contracte une affinité, dépendant elle-même d'une hérédosphère, pour tel ou tel domaine du cerveau, comme il pourrait la contracter pour tel ou tel domaine de la moelle, tel ganglion du grand sympathique, ou du foie. Le physique ne commande pas plus le psychique que l'homme ne marche la tête en bas.

Il est de courtes et minuscules aphasies, des recherches brèves d'un mot perçu comme tout proche, dont l'explication est identique. Elles s'accompagnent souvent de sueur, ou d'une grimace appropriée, ou d'une contraction musculaire. On fait cesser ces éclipses éphémères en évoquant toute l'hérédosphère ou, si cela ne suffit, toute l'hérédoconstellation dont fait partie le terme masqué. Chacun connaît ces minutes de trouble ou, ayant à présenter un monsieur à une dame, on ne se rappelle plus le nom du monsieur. C'est un phénomène analogue.

J'ai raconté ailleurs l'histoire d'un ingénieur russe, rencontré par moi à Lamalou-les-Bains. frappé d'aphasie à la suite d'une vive émotion morale et qui recouvra la parole avec le patois des îles Baléares, que lui avait enseigné sa majorcaine de nourrice. Ce patois avait jadis coiffé d'une présence verbale catalane une verbosphère russe. Puis l'interposition d'une hérédofigure quelconque s'était produite entre cet assemblage et le soi, sous l'influence de l'émotion, peut-être même une autofécondation avait-elle eu lieu ; d'où éclipse de toute la faculté du langage. À la cessation de l'éclipse, le soi, ressaisissant la verbosphère, avait rencontré tout d'abord la calotte verbale catalane. Deux jours après, le Russe parlait russe comme auparavant.

Le cri apparaît comme un segment de verbosphère héréditaire. La racine du mot en est un autre. Autour de cette racine se groupent et se répartissent des sensations, des présences, également congénitales et dont la rotation devant le soi amène la diversité des termes. Il n'est pas jusqu'aux accents provinciaux et aux idiotismes qui ne se transmettent ainsi, le long de la lignée, par les hérédofigures du moi. Dans les cas, naguère qualifiés de dédoublement ou de détriplement de la personnalité, — et que nous avons vu relever de l'autofécondation, — l'hérédofigure nouvellement apparue amène avec elle, entraîne dans sa giration, son langage, ses formes verbales, ses inflexions, ses tournures propres. Mais à la frange du soi, toujours persistante, correspond aussi une frange verbale intérieure, de sorte que ces personnes hantées recouvrent de temps en temps leur parler véritable, leur régime vocal autonome.

Sans aller jusqu'à l'autofécondation, certains hérédos, en proie à un ancêtre, ont une tendance à changer complètement de voix, dans la colère par exemple, ou dans la surprise. Celui-ci, qui avait une voix chantante, prendra une inflexion dure et saccadée. Celle-ci, qui possède à l'ordinaire un timbre élevé, presque criard, usera de tonalités graves, reprochantes. Il est d'observation courante que le sommeil chloroformique altère étrangement la voix dans la phase intermédiaire de l'action narcotique, au début et au réveil. C'est que le chloroforme engourdit et masque le soi et suscite les hérédismes de toute sorte, avant de les couper de la conscience. Toute émotion trouble la voix plus ou moins. Le simple balbutiement résulte de la vacillation, devant le soi, d'une verbosphère, ralentie ou désemparée par le passage d'un hérédisme, comparable à une étoile filante, sous l'influence d'un trouble quelconque, principalement génésique. Ce qui n'est alors qu'un accident fugitif devient un empêchement chronique chez le véritable bègue ; lequel est presque toujours un hérédo, de forme hésitante et aboulique.

C'est chez les meilleurs écrivains qu'il convient d'étudier le langage, à la lumière des notions qui précèdent. Car ce sont eux qui le concentrent et qui le fixent, maintenant ainsi, d'âge en âge, la communication intellectuelle et la communion sensible entre leurs concitoyens. Le langage est une grande part de la patrie. Le poète qui est le plus profondément descendu dans ce problème vital, parce qu'il était en même temps un savant et un sage, j'ai nommé Frédéric Mistral, a pu dire justement : « Qui tient sa langue tient la clé qui de ses chaînes le délivre. » Double délivrance, à la vérité, hérédopsychique et nationale. Mais la nation, comme l'individu, n'est-elle pas formée d'un soi et d'un moi, d'un soi qui agit dans l'espace et d'un moi héritier du temps.

Chateaubriand, écrivain d'humeur, c'est-à-dire chargé d'hérédismes, possède un soi harmonieux et nuancé. Le rythme de sa phrase est réglé sur une voix ample, qui appelle, faite pour être entendue de loin. Le système hérédostellaire est chez lui exceptionnellement brillant, combiné avec une gravitation continuelle de figures mélancoliques, orgueilleuses, amoureuses, dramatiques, dans lesquelles son siècle s'est miré. Cependant sa sagesse est mince ; je veux dire fréquemment recouverte. Il en est de même du tonus volontaire ; au lieu que l'impulsion créatrice est chez lui d'une grande richesse et toujours en activité. Il exprime plus qu'il ne ressent, ce qui est un des signes du romantisme. L'hérédosphère affective ou généreuse, qui passe devant sa conscience, est amplifiée, dans son segment verbal, par un instinct génésique toujours en mouvement ; de sorte que le mot dépasse le sentiment ou l'idée ; puis la période, à son tour, dépasse la nécessité de l'expression. C'est le défaut d'une telle éloquence de sacrifier trop souvent la raison à l'attitude.

Chez Flaubert, disciple de Chateaubriand, l'élimination littéraire des hérédofigures, constamment reviviscentes, est beaucoup plus pénible et même douloureuse. La conception est ample, voire majestueuse, contrariée par une faiblesse de l'impulsion créatrice, qui retombe sur elle-même en ironie. Trop souvent cette ironie tourne à la grimace et au tic, par éclatement des hérédismes au centre de la personnalité. On sait que la décharge des résidus automatiques est allée, chez l'auteur de *Madame Bovary*, jusqu'à l'épilepsie. Mais cette épilepsie, ici encore, fut un effet et non une cause. Il y avait disproportion, chez Flaubert, entre le nombre et l'assaut des hérédosphères et le potentiel créateur et de projection du soi. D'où accumulation de mouvement dans le prolongement organique des hérédosphères et des hérédoconstellations, puis issue brusque de ce mouvement, sous formes d'attaques convulsives. *La Tentation de saint Antoine* marque un effort presque surhumain en vue de dramatiser des hérédismes, auxquels le récit ne suffisait pas, qui avaient besoin de s'extérioriser par la lutte, le dialogue, le débat et le cri. Flaubert eût fait tout aussi bien un orateur ou un homme d'action, un explorateur ou un mime ; et la cause déterminante de son mal fut son emprisonnement littéraire à Croisset. Les médecins, en lui donnant du bromure, ne faisaient que l'endormir davantage, c'est-à-dire engourdir son moi et accumuler en lui les images dangereuses, au lieu de l'aider à les expulser.

Deux qualités sont à envisager dans le mot : son exactitude et son intensité. Un mot exactement approprié est toujours la conséquence d'un soi vigilant, qui, parmi les verbosphères, a attiré ou élu la plus conforme à la pensée. Exemple, dans Chateaubriand : « la cime *indéterminée* des forêts ». Cet exemple est d'autant plus significatif que le terme le plus juste exprime ici l'indétermination. C'était un segment d'une verbosphère, où tournaient tous les souvenirs visuels de la ligne de faîte des forêts, en même temps que l'impossibilité de les fixer, de les dessiner. À rapprocher des *rêveuses gambades de la Fête chez Thérèse* de Hugo. Ce qu'on appelle le bonheur de style est une justesse intellectuelle, éphémère ou constante, analogue à la justesse d'oreille chez le musicien. Conséquence de l'équilibre sage, malheureusement assez rare chez les romantiques, amis systématiques du dérèglement. Au lieu que l'intensité du mot — comme chez Gautier, ou Baudelaire — tient en général à une superposition d'hérédismes. Le mot est alors chargé de sensations de divers ordres, que boursoufle encore l'instinct génésique. C'est une bulle de savon irisée et toute proche de l'éclatement. S'il se rompt dans l'esprit de l'écrivain, avant d'avoir été projeté par la parole ou sur le papier, il en résulte un réel malaise, une augmentation de la tension vasculaire, de l'automatisme, et une impression de fatalité. Cet accident a dû arriver plus d'une fois à Gautier comme à

Baudelaire, si j'en juge par leurs dépressions soudaines, allant, quant au langage, jusqu'à la banalité ; quant à l'intellect, jusqu'au fatalisme.

Deux qualités sont à envisager, dans la phrase ou dans la période : sa correction et son mouvement. Jules Lemaître, connaisseur s'il en fut, définissait ainsi la phrase française : « Un sujet, un verbe, un attribut. » C'est le mérite du *Candide* de Voltaire, ouvrage d'une rare importance psychique, de répondre à cette définition. Or, Voltaire était un hérédo de choix, mais l'impulsion créatrice était chez lui d'une qualité telle qu'elle arrivait de temps en temps, et presque périodiquement, à le débarrasser de toutes ses scories congénitales et à ramener ainsi le calme dans sa nature agitée et troublée. *Candide* est une de ces expulsions en masse, une eau résiduaire des hérédismes voltairiens, canalisée dans une sorte de sagesse encore grimaçante. Combien de fois n'ai-je pas lu et relu ce petit ouvrage énigmatique, où l'anarchie prend un air d'ordonnance, afin de saisir son ultime secret ! Il semble le manuel du désespoir et du dégoût de tout et cependant il y a au fond de lui comme une espérance. Charles Maurras explique cette contradiction en disant qu'il signifie quelque chose comme : « La voie est libre ». Quoi qu'il en soit, *Candide* est le modèle d'une délivrance totale de la personnalité dans une œuvre. L'auteur, en écrivant le dernier mot de la dernière ligne, le mot « jardin », dut s'écrier : « Ouf ! ça va mieux ! » Ainsi donc, si l'exactitude du mot est une suite de la vigilance du soi, il n'en est pas tout à fait ainsi de la correction de la phrase ou de la période, qui tient plutôt à l'épuration, chronique ou passagère, des hérédismes. C'est que la phrase n'est pas seulement une juxtaposition, mais bien plutôt une gravitation de mots, donc d'hérédosphères, devant le soi.

Le mouvement de la phrase, ample et harmonieuse, traduit la prédominance du soi ; désordonnée et emportée, la victoire du moi et des hérédismes. Le premier type correspond en général aux auteurs dits classiques, le second aux auteurs romantiques, sans que cette distinction ait rien d'absolu. Il est certain toutefois que Racine, pour ne citer que celui-là, proportionne son élan verbal à la circonstance dramatique, par un esprit de mesure qui ne nuit pas à l'expression, au contraire. Au lieu que Hugo appelle les quatre éléments et la foudre autour d'une invention romanesque, mais quelconque. Quand Corneille enfle la voix, c'est pour la Cité, son honneur, sa durée. Quand Hugo enfle la voix, c'est pour une histoire de valet amoureux de sa reine, ou de bouffon tueur de sa fille. Avec Racine et Corneille, nous sommes dans la logique, avec Hugo dans l'humeur — ou hérédisme — et dans l'arbitraire. Chez les deux premiers, la raison gouverne le style, même dans la peinture des passions. Chez le second, le style emporte la raison. Brunetière, chez qui l'appétence critique était vive, mais le sens critique obnubilé, supposait que le romantisme consistait en un certain élan intérieur outrepassant la réalité immédiate, et découvrait ainsi du romantisme chez les classiques. Or, le romantisme est autre chose : c'est la disproportion entre le thème et le développement, entre le sentiment et l'expression, entre le rêve et le récit du rêve, le tout érigé en doctrine. Le XVIIe siècle savait que l'égarement n'est jamais beau. Le XVIIIe siècle a essayé d'établir que l'égarement pouvait quelquefois être beau. Le XIXe siècle débutant a affirmé que l'égarement était toujours beau. On peut suivre, dans cette progression, la prédominance, également progressive, du moi des écrivains du XVIIIe et du XIXe sur leur soi. Le XXe s'annonce comme un retour du soi, aidé d'ailleurs des hérédismes sages.

Au delà de la phrase et de la période, il y a le concept de l'œuvre littéraire. Le mot comporte la gravitation, devant le soi, d'une verbosphère, ou du groupement de plusieurs segments verbaux d'hérédosphères. La phrase comporte la gravitation d'un système de verbosphères, ou d'un groupement d'hérédosphères. Le concept de la haute œuvre littéraire — *Don Quichotte, la Divine Comédie, Faust*, les drames de Shakespeare, ceux de Racine, les poèmes de Mistral, etc. — n'est autre que l'impulsion et l'équilibre, par le soi, d'une ou de plusieurs hérédoconstellations.

L'homme ne pense pas seulement à l'aide de mots ou de groupements de mots, d'images ou de groupements d'images. Il pense aussi, et surtout, par groupes de groupes et par systèmes de systèmes, le nombre de ceux-ci étant d'autant plus considérable que le soi est plus puissant, plus intense, que sa lumière et son attraction se projettent sur un plus vaste système verbostellaire. La conception philosophique, artistique, scientifique, littéraire, dans son expression la plus haute, n'est pas une création réalisée peu à peu, par augments successif, comme l'effort s'ajoute à l'effort, ou la journée à la journée. Elle est une irradiation soudaine, par le soi, de tout un pan du ciel intérieur, d'un fourmillement d'hérédosphères. Elle est un embrasement et un ordonnancement d'un majestueux firmament de souvenirs, de présences, d'idées héritées ou autonomes, de penchants, d'aspirations vagues, par l'impulsion créatrice, la volonté et la sagesse, conjointes en un triple et unique faisceau ardent. Le concept humain totalise soudainement la vie de celui qui le porte.

Si Dante, Shakespeare, Balzac, Léonard de Vinci, Gœthe, Beethoven, Laënnec, pouvaient prendre la parole et nous expliquer chacun la genèse de son œuvre immense, ils nous la dépeindraient ainsi qu'une illumination immédiate, à tel ou tel tournant de l'âge, généralement intermédiaire entre l'âge adulte et la jeunesse, ou entre l'âge adulte et la vieillesse. Ils la compareraient, selon le mot de Sainte-Beuve, au coup de foudre et à la voix, sur le chemin de Damas. Synthèse fulgurante, profonde, instantanée, d'où sortiront ensuite, — par une série de contemplations, attractions, projections partielles et successives, venant après la contemplation, l'attraction, la projection globales, — tous leurs drames, tous leurs personnages, tous leurs tableaux, toutes leurs musiques, toutes leurs découvertes. Vous est-il arrivé par un soir d'orage, de considérer, de votre fenêtre, la nuit chaude, obscure et lourde ? Tout à coup l'éclair brille et le vaste horizon vous apparaît dans ses moindres détails ; ici un arbre, une meule, ici une ferme, là le fil d'argent d'un ruisselet. Vous reconstituerez ultérieurement, par le souvenir et pièce à pièce, ce tableau subit d'un rouge incandescent. Ainsi se présentèrent les concepts, auxquels nous devons les maîtres chefs-d'œuvre. Leurs auteurs ont transcrit peu à peu, — selon la faiblesse des moyens d'expression humains, — la victoire embrasée, synthétique, préliminaire de leur soi sur les mondes et constellations héréditaires.

De là, dans les chefs-d'œuvre en question, cette analogie des parcelles au sein de la diversité, ces reprises de thèmes différemment assemblés, cet air de famille et de tribu entre les hérédofigures projetées, et même entre les fragments ou segments verbaux des hérédofigures. Ces fulgurations ont presque toujours la forme de la grande fulguration initiale dont elles sont issues. L'œuvre de Shakespeare est une colonne de feu instantanée dans les espaces verbostellaires du moi shakespearien, rabattue, refroidie et morcelée sur la durée des quelques années terrestres pendant lesquelles travailla Shakespeare. Il en est de même de l'œuvre racinienne, de l'œuvre beethovenienne, etc. Le peuplement de figures et de sonorités, opéré par ces souverains génies dans le monde d'ici-bas, fut le déploiement et la répartition d'une éblouissante seconde, que dis-je, d'un millième de seconde créatrice, d'une explosion intellectuelle et pathétique au sein de l'univers intérieur.

Or il n'est aucun phénomène métapsychique au centre du génie le plus altier, le plus complet, qui n'ait son correspondant au sein du plus humble d'esprit parmi les hommes. Si nous évoquons le premier sur son piédestal, c'est afin d'expliquer le second, attendu qu'on comprend mieux les rapports des lettres sur un grand tableau que dans un petit alphabet. Tout humain peut accomplir ici-bas son chef-d'œuvre, à quelque milieu qu'il appartienne ; et sa libre destinée réside dans son soi. Nous sommes environnés de héros obscurs, dont les merveilleuses réussites ne vivront pas dans la mémoire des hommes, mais peuvent être pressenties à l'incommensurable moisson des bonnes volontés toujours prêtes, quand un sacrifice national, vital, devient nécessaire. Ces réussites modestes furent, elles aussi, le résultat d'une illumination, d'une maîtrise instantanée du soi sur la gravitation des hérédosphères. Ces réussites eurent, elles aussi, de quoi glorifier toute une existence, en la peuplant d'images généreuses, d'éclats resplendissants et parfois sublimes.

C'est ainsi que l'étude des rapports du langage et de l'hérédité nous amène à constater, au delà du langage, l'enfermant et le dominant, une puissance psychoplastique correspondant à une phase encore supérieure de la lutte du soi et du moi, à une victoire encore plus décisive du soi, en cas de succès. Cette puissance psychoplastique, à laquelle obéissent les hérédoconstellations et toutes les figures gravitant dans les profondeurs du ciel intime, nous l'avons appelée, en commençant, l'acte de foi. Elle est à l'origine des concepts d'ensemble qui magnifient toutes les vies humaines, à condition que l'homme veuille sa volonté et ordonne son intelligence, après avoir libéré sa liberté.

Une autre conséquence de cette étude, c'est que non seulement l'homme est une créature distincte de toutes les autres et complètement inexplicable comme dérivant d'aucune de celles-ci ; mais encore chaque personnalité humaine, si elle apporte avec elle un fond commun à toute l'humanité, possède aussi, pour ce qu'il y a en elle de plus important et de plus puissant, quelque chose de non transmis, d'intransmissible, qui règle le transmis et le transmissible, qui ne peut qu'avoir été créé avec elle et pour elle.

Je n'ignore pas que cet exposé va à l'encontre des doctrines généralement admises depuis quelque soixante-quinze ans, d'après lesquelles l'inférieur explique le supérieur, la matière l'esprit, le singe l'homme : d'après lesquelles nous serions, nous humains, des captifs attendant, au sein d'une boue immobile, les coups d'une destinée invisible et inconnaissable ; d'après lesquelles notre raison ne serait qu'une mince pellicule sur l'immense abîme de la sensibilité ou de l'inconscience ; d'après lesquelles la lumière de l'intelligence serait un simple fumeron à côté de la torche de l'intuitivisme ; d'après lesquelles les idées, les mots, les souvenirs seraient autant de petites pièces, rangées séparément et par travées, susceptibles néanmoins de réunion et d'agglomération périodiques — d'association comme l'on dit — étiquetées dans tout autant de petites cases du cerveau, seul et unique siège de la pensée ; d'après lesquelles la construction histologique et anatomique dudit cerveau expliquerait très suffisamment toutes les complexités, toutes les finesses et toutes les grandeurs de ladite pensée ; d'après lesquelles l'hérédité, conçue d'ailleurs, non dans son ensemble psycho-organique, mais seulement dans ses modalités pathologiques, pèserait irrémédiablement sur la famille et l'individu, sans aucun espoir de réaction, ni de relèvement ; d'après lesquelles enfin la Science, avec un grand S, serait à la veille d'avoir dit son dernier mot, lequel correspondrait à ceci : néant.

Peu à peu, par le jeu naturel de personnalités médiocres et d'académies timorées ou somnolentes, ces doctrines d'engourdissement et de mort prenaient le pas sur leurs adversaires spiritualistes, d'ailleurs posées de travers et mal défendues en général, à l'aide d'arguments verbaux et désuets. J'ai pensé que l'observation directe de l'homme, aidée par l'introspection d'une part, de l'autre par une analyse un peu poussée des chefs-d œuvre de l'art, de la science, de la poésie et de la littérature, pouvait aiguiller les chercheurs dans un sens tout à fait différent. C'est ce qui m'a amené à écrire et à publier le présent essai. Je ne me dissimule aucun de ses trous ; aucune de ses imperfections. Tel quel, j'estime qu'il pourra avoir quelque utilité, non seulement dans le domaine de la théorie, mais encore dans celui de la pratique. C'est pourquoi j'ai groupé, aussi brièvement et nettement que possible, les quelques conclusions qu'on va lire en terminant.

CONCLUSIONS

Nous sommes arrivés, au cours de cette étude sur la personnalité humaine et l'hérédité, à un certain nombre de constatations. Je les énumérerai de la façon la plus brève et la plus claire possible.

1° L'individu humain, psychomoral, se compose de deux pôles nettement différenciés : l'un formé des présences extérieures à l'individu et des éléments hérités ou hérédismes, répartis eux-mêmes en tendances, penchants, signes mentaux, signes de signes et aspirations vagues. C'est le moi. L'autre, constitué de trois éléments fondus en un, néanmoins distincts, variant avec l'âge et coagissant. C'est le soi, qui comprend : l'impulsion créatrice, le tonus du vouloir et l'équilibre sage par la raison.

2° Le moi est transmissible de génération en génération. Le soi est, par définition, intransmissible d'un individu à un autre, d'une génération à une autre. Le moi dure, à travers la lignée, sous diverses formes. Mais il peut s'altérer et disparaître, comme l'organisme auquel il est relié. La disparition du soi est inconcevable.

3° Le soi raisonnable caractérise et typifie l'individu. Il est aussi éminemment sociable.

4° L'instinct génésique, ou animal, n'est pas seulement employé de façon intermittente, à la procréation. Il agit, pendant la jeunesse, l'âge adulte et les premiers temps de la vieillesse, d'une façon quasi permanente, gonflant et dissociant les éléments héréditaires du moi. L'automatisme et le sentiment de la fatalité et du déterminisme sont une conséquence de ce gonflement et de cet éparpillement — dans le champ de la conscience — des éléments appelés hérédismes.

5° Les hypothèses psychophilosophiques fondées sur la sensibilité et l'intuition, comme celles qui reposent sur un prétendu « Inconscient », ont ignoré ou méconnu ce rôle de l'instinct génésique. Elles mettent au-dessus de la raison ce qui n'a jamais cessé d'être réellement soumis au contrôle et à l'exercice de la raison. Elles prennent le déchet pour la cause et l'accident pour la substance.

6° Le moi est commandé, ou déterminé, soumis à diverses influences venant de l'instinct génésique, comme de ses propres prolongements organiques. Le soi est infiniment libre. Il a le choix et il en use.

7° L'instinct génésique ne se contente pas de typifier, au sein du moi, les divers personnages héréditaires qui s'y succèdent comme sur un théâtre, en empiétant parfois les uns sur les autres. Il lui arrive de procéder à l'autofécondation d'un de ces personnages, jusqu'à lui faire emplir presque tout le champ de la conscience, sauf une frange toujours subsistante. C'est ce qu'on a appelé le dédoublement de la personnalité.

8° La persistance de cette frange assure la liberté humaine et l'exercice de la responsabilité, jusque dans les plus graves dérangements de l'esprit. Il n'y a pas d'aliéné constant ni complet.

9° Les débats des hérédismes du moi — amplifiés ou non par l'instinct génésique — et du soi, constituent ce que j'appelle le drame intérieur. Ce drame comprend donc, jusque chez l'homme sain, un certain nombre de protagonistes psychiques héréditaires.

10° La philosophie, les arts, la littérature, la poésie, la science sont des efforts du soi pour repousser les assauts des éléments héréditaires du moi et pour éliminer ces éléments. L'art et la science, comme la littérature, sont d'un ordre d'autant plus relevé que la victoire du soi y est plus éclatante et manifeste.

11° Le véritable auteur dramatique est celui qui donne issue à ses protagonistes psychiques, qui projette ainsi son drame intérieur.

12° Le critique de l'avenir tiendra compte de ces données.

13° La médecine de l'avenir en tiendra compte également. Tout désordre organique est, à son origine, psychomoral. Le redressement psychomoral, par des moyens appropriés, permettra de venir à bout d'affections même organiques, considérées comme incurables.

14° Il n'est pas vrai que l'organisme dispose de l'esprit. C'est l'esprit qui domine l'organisme et peut, à l'occasion, le transformer.

15° Il n'y a aucune espèce de raison pour que le cerveau soit — comme on le répète — le siège exclusif de la pensée. Il y a toute raison d'admettre que la pensée est diffuse à travers l'organisme, qu'elle commande. Le cerveau n'est qu'un « grand central » de communications, allant à tous les points de l'organisme, et en venant, qu'un laboratoire de transformation des hérédismes par l'instinct génésique. Il est quelque chose comme un ganglion plus volumineux et plus compliqué.

16° Il est inadmissible que telle partie du cerveau soit le siège de telle faculté, comme le langage, ou d'une partie de telle faculté. Expression d'une partie de la pensée, le langage est diffus, comme elle, à travers l'organisme.

17° Il existe, bien entendu, des hérédismes sages et bienfaisants, transmis le long de la lignée, et reviviscents, mais toujours menacés par l'instinct génésique. La raison du soi attire ces hérédismes sages et bienfaisants, et repousse les autres.

18° Il en résulte que l'hérédité, à condition d'être triée et gouvernée par le soi, peut être un outil de perfectionnement.

19° J'appelle hérédo celui en qui le moi est victorieux du soi. Le degré de la défaite du soi mesure le degré de curabilité de l'hérédo. Mais aucun hérédo, si profonde que semble sa déchéance, ne doit jamais désespérer de guérir.

20° Pour guérir, il faut commencer par se connaître, plus exactement par se reconnaître pour ce qu'on est. Cette connaissance suppose l'humilité d'esprit. L'orgueil est l'armature du mal.

21° Où qu'il se pose, le soi est organisateur et créateur. Il tend à l'universalité. Son action est d'autant plus grande, qu'il est plus complètement vainqueur des hérédismes, qu'il transforme un plus grand nombre de ceux-ci en éléments de connaissance et de beauté.

22° Le héros est celui qui veut et qui obtient la victoire du soi sur le moi. La victoire complète du soi sur le moi aboutit à la clarté intérieure, à l'élimination de l'automatisme et du prétendu Inconscient. Cette victoire intérieure rend la plupart des obstacles extérieurs aisément surmontables. La sagesse confère la science, mais la science ne confère point la sagesse.

23° Le risque noble personnalise le vouloir, en le séparant même des hérédismes sages.

24° La distraction et l'oubli héréditaire viennent en aide à la victoire du soi. Il est bon de s'examiner, pour agir. Il est mauvais de s'appesantir sur soi-même, et de s'analyser sans agir.

25° L'autorité morale est fonction de la domination de soi-même, et, par conséquence, fonction du soi.

26° Ton meilleur médecin c'est toi-même, si tu sais chasser tes fantômes et appuyer ta volonté là où il le faut.

27° Une introspection attentive et soutenue nous amène à constater que, dans le moi, les hérédismes constituent des sphères psychiques, accompagnées de satellites, et groupées elles-mêmes par systèmes, à la façon des étoiles et des constellations. Systèmes et sphères gravitent devant le soi.

28° Le soi attire et repousse ces hérédosphères et ces systèmes psychostellaires. Il les gouverne librement.

29° Le langage humain intérieur est constitué de verbosphères ou de conjonctions de segments verbaux d'hérédosphères, attirés, puis propulsés par le soi.

30° L'aphasie est l'éclipse d'une verbosphère, ou de segments d'hérédosphères, ou d'une hérédoconslellalion. Le désordre organique de l'aphasie n'est qu'une conséquence, qu'un vestige matériel de ces éclipses.

31° L'imagination est la prise de connaissance, par le soi, de la gravitation des hérédosphères. Elle est ordonnée ou déréglée, suivant que le soi est plus ou moins lucide ou vigoureux. Il est des cataclysmes d'images, comme il est des cataclysmes cosmiques. Des troubles graves, fonctionnels et organiques, en sont la conséquence,

32° L'homme vit et meurt de ses images.

Mon horreur des marottes est trop profonde et trop vive, comme on a pu s'en apercevoir, pour que j'aie la prétention de limiter le problème de l'hérédo à ces trente-deux propositions élémentaires, que dépasseront, et de beaucoup, les chercheurs de l'avenir. Je répète que nous ne sommes, avec le présent livre, qu'au début, qu'aux premiers linéaments d'une lecture nouvelle de la personnalité humaine, fondée à la fois sur la méditation, la critique et l'expérience.

J'ai la conviction que les données assemblées ici seront discutées et contredites, comme tout ce qui gêne ou trouble les idées reçues ; mais qu'elles seront elles-mêmes le point de départ de recherches à la fois théoriques et pratiques, spéculatives et curatives, dans le domaine psychomoral. Le traitement des principales maladies nerveuses et mentales ne comporte, actuellement, que des palliatifs. Or, ces maladies peuvent et doivent guérir radicalement, du jour où leur origine vraie sera connue. J'apporte ma petite pierre à l'édifice.

À un autre point de vue, il m'a semblé qu'entre l'abrutissant matérialisme de la fin du dix-neuvième siècle et l'illusoire intuitivisme du début du vingtième, il y avait place pour une série d'études philosophiques d'une autre sorte, métapsychologiques, si l'on peut dire, tenant compte des faits et phénomènes, et les dépassant. Cet ouvrage est la première de ces études. Il sera, s'il plaît à Dieu, suivi d'un autre, où j'envisagerai la cure de l'hérédo.

FIN